O Livro da Criação

O ESTUDO DE OLORUM E DOS ORIXÁS

Livro de Estudo Teológico Umbandista

Rubens Saraceni

O Livro da Criação
O ESTUDO DE OLORUM E DOS ORIXÁS
Livro de Estudo Teológico Umbandista

© 2022, Madras Editora Ltda.

Editor:
Wagner Veneziani Costa

Produção e Capa:
Equipe Técnica Madras

Revisão:
Silvia Massimini Felix
Arlete Genari

Dados Internacionais de Catalogação na Publicação (CIP)
(Câmara Brasileira do Livro, SP, Brasil)

Saraceni, Rubens
   O livro da criação : o estudo de Olorum e dos Orixás : livro de estudo teológico umbandista / Rubens Saraceni. -- 2. ed. -- São Paulo : Madras, 2022.

   ISBN 978-85-370-0898-0

   1. Criação 2. Orixás 3. Teologia 4. Umbanda (Culto) 5. Umbanda (Culto) - Origem I. Título.

14-00867   CDD-299.67

Índices para catálogo sistemático:
1. Orixás : Teologia de Umbanda : Religiões de origem africana 299.67

É proibida a reprodução total ou parcial desta obra, de qualquer forma ou por qualquer meio eletrônico, mecânico, inclusive por meio de processos xerográficos, incluindo ainda o uso da internet, sem a permissão expressa da Madras Editora, na pessoa de seu editor (Lei nº 9.610, de 19.2.98).
Todos os direitos desta edição reservados pela

MADRAS EDITORA LTDA.
Rua Paulo Gonçalves, 88 — Santana
CEP: 02403-020 — São Paulo/SP
Tel.: (11) 2281-5555 – (11) 98128-7754
www.madras.com.br

Índice

Prefácio 7
Introdução 15
Apresentação 19
A Umbanda e o Sincretismo Religioso 22
CAPÍTULO 1 – Olodumarê, o Divino Criador 27
CAPÍTULO 2 – Olorum 33
CAPÍTULO 3 – O Lado Interno da Criação 41
CAPÍTULO 4 – Olorum, como Princípio Criador, Está Presente nos Espíritos Humanos 44
CAPÍTULO 5 – Olorum, o Pensamento e a Vontade Divina. Presença e Ausência 48
CAPÍTULO 6 – A Unidade em Olorum: Uma Visão da Criação Divina 54
CAPÍTULO 7 – As Matrizes Geradoras de Olorum: Onde a Vida Tem Seu Início 62
CAPÍTULO 8 – O Nascimento dos Espíritos 71
CAPÍTULO 9 – A Unidade e a Pluralidade Geradora de Olorum 77
CAPÍTULO 10 – Os Princípios São Poderes de Realização em Olorum 80
CAPÍTULO 11 – A Divindade em Olorum e na Criação 82
CAPÍTULO 12 – O Existir em Olorum: Olorum e os Orixás ... 84
CAPÍTULO 13 – Orixás Originais: Os Princípios de Olorum e da Criação Divina 89
CAPÍTULO 14 – O Lado Interno e o Lado Externo de Olorum ... 100

CAPÍTULO 15 – Olorum, a Unidade e o Todo 105
CAPÍTULO 16 – O Início da Criação 110
CAPÍTULO 17 – Plano Divino, o Início da Criação 115
CAPÍTULO 18 – Os Orixás e a Criação Divina 121
CAPÍTULO 19 – Os Orixás Originais: Como Identificar e Nomear os Orixás Originais em Olorum 123
CAPÍTULO 20 – O Desdobramento dos Orixás Originais 130
CAPÍTULO 21 – Os Orixás Fatorais 186
CAPÍTULO 22 – Olorum e os Orixás 192
CAPÍTULO 23 – O Magnetismo dos Orixás – Parte 1 197
CAPÍTULO 24 – O Magnetismo dos Orixás – Parte 2 199
CAPÍTULO 25 – As Funções dos Orixás 204
CAPÍTULO 26 – A Doutrina Umbandista – Parte 1 208
CAPÍTULO 27 – Os Sentidos e os Princípios 213
CAPÍTULO 28 – A Doutrina Umbandista – Parte 2 215
CAPÍTULO 29 – Os Princípios Umbandistas 221
CAPÍTULO 30 – A Lei das Afinidades 225
PARTE FINAL 227
    Olorum, o Divino Criador 227
    O Culto Familiar a Olorum 231
    Oração a Olorum 232
    Olorum, o Criador do Mundo 234

Prefácio

Precisamos pensar a Umbanda com cabeça umbandista

Isso quer dizer: pensar nossa própria realidade a partir da Umbanda e pensar a Umbanda por meio de uma realidade umbandista, e dessa forma alcançar uma visão de mundo umbandista, que é algo urgente para a sobrevivência e independência de nossa religião. Para tanto, é necessário uma Teologia de Umbanda livre, acessível, autêntica e original. Caso contrário, continuaremos copiando e repetindo conceitos e valores alheios à Umbanda.

Apenas por meio de uma cultura umbandista poderemos criar as condições de dignidade e orgulho de ser umbandista. Essa cultura umbandista é uma interpretação autêntica de toda essa realidade que lhe deu formação, como a base de uma unidade: a Umbanda.

A unidade da Umbanda é o denominador comum para sua própria diversidade. Essa diversidade é válida enquanto não coloca em risco sua unidade.

Podemos absorver um pouco de todas as religiões e culturas que deram formação à Umbanda, de forma diversa, e ainda assim pensar a Umbanda a partir da Umbanda, de forma una e única. Esse olhar é o que parte da unidade para a diversidade, de dentro para fora.

Se continuarmos pensando o mundo de uma forma espírita, católica ou candomblecista, a Umbanda continuará em segundo plano como apenas uma prática mediúnica, "mediunismo", e não como a religião que é de fato e de direito.

Essa tomada de posição é necessária para que a Umbanda seja respeitada como religião. Sabemos que a Umbanda é uma religião, repito, de fato e de direito, no entanto, que religião é essa que continua pensando e interpretando o mundo, a vida e a si mesma por meio de outras religiões? Não existe segurança doutrinária, teológica ou racional para o praticante que desconhece os fundamentos de sua própria religião.

Somos umbandistas

Não somos candomblecistas, não somos espíritas nem católicos. Pode parecer uma bobagem essa afirmação; no entanto, é muito raro quem pense a Umbanda a partir de um ponto de vista neutro, independente e autônomo com relação a outras religiões. Não foram poucos os umbandistas que, inseguros de sua prática, foram procurar em seara alheia a segurança que lhes faltava e assim passaram a ter uma visão híbrida ou distorcida dos fundamentos da Umbanda.

Dessa forma, uma parte dos umbandistas tornou-se praticante do Candomblé, na intenção, por exemplo, de entender melhor os Orixás ou conhecer seus "reais" fundamentos. No entanto, o Candomblé é uma religião diferente, que possui fundamentos diferentes e até conflitantes com os fundamentos da Umbanda. A forma de conhecer e se relacionar com os Orixás no Candomblé é diferente da forma aceita pela Umbanda. O Candomblé não explica a Umbanda! E vice-versa!

Outra parte dos umbandistas procurou o Espiritismo, por exemplo, para explicar a manifestação dos espíritos na Umbanda. No entanto, a Umbanda tem uma forma própria e única de se relacionar com os espíritos. Na Umbanda, os espíritos se manifestam em linhas de trabalho por meio de arquétipos, utilizando recursos simbólicos e elementos de magia, o que, além de não ser utilizado no Espiritismo, é por ele refutado como atraso espiritual, infantilidade e apego às coisas da matéria. O que não é uma verdade para a Umbanda, na qual os elementos e a magia, largamente utilizados, são recursos adicionais e não vícios ou apego. O Espiritismo não explica a Umbanda! E vice-versa!

Quanto ao Catolicismo, ele é totalmente contrário a todas as nossas práticas e à nossa visão de mundo. O que temos em comum é a veneração e o amor aos santos católicos, bem como os rituais de batismo, casamento e ato fúnebre. Ainda assim, na Umbanda, os elementos católicos se revestem de novas cores e novos significados. O Catolicismo não explica a Umbanda! E vice-versa!

O ocultismo europeu também não explica a Umbanda, nem o esoterismo ou o *new age*, muito menos a sociologia, antropologia, filosofia ou psicologia. Essas ciências podem estudar e especular a Umbanda, sondar nossos rituais e analisar o perfil dos adeptos, mas não podem explicá-la. Elas devem, sim, ouvi-la por meio de seus adeptos.

Diga-se de passagem, as Igrejas Evangélicas, Pentecostais e Neopentecostais também não explicam a Umbanda. Evangélicos, adeptos, pastores, bispos, profetas e missionários, mesmo que sejam ex-umbandistas, não podem e não devem explicar a Umbanda.

Praticantes e adeptos de outras religiões não explicam e não devem tentar explicar a Umbanda! Quando se arvoram em tal empreitada, somente criam mais confusão, porque sempre estarão explicando algo a partir de sua visão de mundo, que não é a visão umbandista. Falam de Umbanda partindo do olhar de sua religião, alheia e diferente da Umbanda! E, como resultado, apresentam algo que somente existe em suas cabeças, teorias distorcidas, reduzidas, resumidas e, quando não, preconceituosas, demonizadas e discriminadoras.

Apenas o umbandista pode explicar o que é Umbanda; no entanto, devemos nos perguntar: esse umbandista está pronto ou preparado para explicar a Umbanda?

O umbandista é o único que está vivendo a Umbanda e passando por uma experiência profunda e complexa, que é o convívio ou o exercício do transe mediúnico, aliado a toda uma ritualística muito rica. Levam-se anos para ganhar profundidade nesse imenso universo cultural e religioso de Umbanda e, ainda assim, essa profundidade prática e teórica somente chega aos umbandistas que estão interessados em ir mais fundo dentro da religião.

O umbandista precisa de muito estudo para compreender e colaborar em apresentar a Umbanda para a sociedade de uma forma simples, transparente e direta. Praticar Umbanda às cegas ou de forma superficial não é bom para si nem para a Umbanda, e muito menos para a sociedade.

Mesmo que se queira ter essa profundidade e encontrar um caminho para a compreensão dos fundamentos da Umbanda, é preciso saber por onde começar para chegar ao ponto de pensar a Umbanda com uma mente umbandista.

Dificuldades em esvaziar o copo

Há um conto Zen em que um grande mestre recebeu a visita de um professor de filosofia afirmando que queria ser seu discípulo. E o candidato a aprendiz não parava de falar de sua própria filosofia. O mestre, que lhe oferecia uma xícara de chá, encheu a xícara e continuou a despejar o chá, que agora transbordava e escorria ao chão. Quando o falante aprendiz lhe questionou o porquê daquele gesto, então o mestre lhe explicou que, para receber algo de novo, era preciso, antes, esvaziar a xícara.

Ainda que não frequente mais outras religiões, ou que assuma uma identidade umbandista, a grande maioria dos umbandistas veio do Espiritismo ou do Catolicismo e não consegue abandonar sua antiga visão de mundo. Não conseguem se esvaziar para receber algo novo. Embora seja um equívoco, isso é muito compreensível, pois no Espiritismo e no Catolicismo, durante anos, lhe foi apresentada uma forma racional e fundamentada de como pensar a realidade. Agora, esses ex-católicos e ex-espíritas estão se tornando umbandistas, em um processo lento. No entanto, na grande maioria dos casos, ainda não lhes foi apresentada, na Umbanda, uma forma umbandista de pensar a Umbanda, a vida e a realidade que nos cerca. Assim, de certa forma, eles continuam meio espíritas ou meio católicos. E, como resultado, cada um vai pensando o que quer e vai trazendo para a Umbanda dogmas e paradigmas dessas mesmas searas alheias que já não lhes servem mais e que em nada ajudam a entender a Umbanda.

Por falta de uma explicação umbandista, única e original, de compreender a realidade de cada um e o mundo que nos cerca, continuam todos com suas velhas explicações, antigas teorias e doutrinas, algumas delas, inclusive como já citamos antes, muitas vezes, contrárias aos fundamentos da Umbanda.

São praticantes de Umbanda que ainda têm medo do pecado católico, que levam seus próprios filhos para se batizar em uma Igreja e que ainda pensam Deus de uma forma católica ou espírita, da mesma maneira que pensavam antes de se tornarem umbandistas. Para estes, a Umbanda não é uma verdade profunda e muito menos uma fé fundamentada em si mesma.

Nós somos umbandistas! Não somos católicos, não somos espíritas e não somos candomblecistas. Então se faz necessário pensar a Umbanda a partir da Umbanda. Pensar a Umbanda com cabeça de umbandista e não com cabeça de católico nem com cabeça de espírita. Somos gratos às contribuições do Cristianismo e do Espiritismo, assim como de outras tradições, na formação da religião de Umbanda. No entanto, carecemos demais de uma forma autêntica de pensar nossa religião.

Qual é nossa forma de pensar o sagrado?

Se não apresentarmos à sociedade nossa visão de mundo, nunca seremos respeitados. Se não mostrarmos que sabemos quais são os fundamentos de nossa religião, seremos tratados como ignorantes. E os fundamentos de nossa religião não são segredos! Muitos desconhecem até mesmo a história da Umbanda, não sabem quem foi o primeiro umbandista e como ela foi idealizada na matéria. Não há como conquistar respeito para si ou para a Umbanda, se não há uma cultura umbandista acerca de quais são nossos valores e nossa visão de mundo.

A Umbanda se encontra hoje em um ponto de amadurecimento em que é preciso encontrar sua visão de mundo. Isso é algo por que todas as religiões mais antigas já passaram. Todas as religiões beberam do conhecimento e da sabedoria de outras religiões em sua formação e, com o tempo, foram desenvolvendo e encontrando sua própria teologia, sua própria visão de mundo e de si mesma.

Uma teologia umbandista original

As religiões nascem principalmente de revelações, como as de Cristo ou Buda, por exemplo. Depois do desencarne do mestre, seus discípulos mais próximos se entregam à árdua tarefa de registrar o máximo de lembranças que cada um tem da vida e das palavras do Mestre. Assim foi com os apóstolos de Cristo e discípulos de Buda. No início de todas as religiões, ainda há divergências com relação a uma forma autêntica de se pensar a realidade. Para muitos apóstolos e discípulos, o Cristianismo era uma forma de Judaísmo e, antes de ser cristão, era preciso ser judeu. São Paulo fez um grande trabalho para que todos pudessem ser cristãos, independentemente de serem judeus e, para isso, teve de começar a pensar o Cristianismo de forma autônoma. Com o passar dos séculos, houve a estruturação da Igreja Católica Romana e, então, a fé daquele grupo original de judeus passou a nortear uma religião em solo greco-romano e, claro, tão sincrética quanto a grande maioria das outras religiões no momento de sua estruturação.

Santo Agostinho é o primeiro teólogo a produzir vasto material teológico com base na obra de um filósofo grego, Platão. Tempos depois, Tomás que Aquino vai apresentar sua *Suma Teológica*, um dos mais importantes e completos tratados da teologia católica fundamentado na obra de outro grande filósofo, Aristóteles. Agostinho prega a Teologia da Revelação (da Fé), enquanto Aquino prega a Teologia Natural (da Razão). Ambas as formas de pensar a religião, ambas as teologias se completam e fundamentam a fé católica. Assim, a exemplo desses dois expoentes da teologia católica, a Igreja foi aos poucos mostrando ao mundo qual é a forma católica de pensar o mundo e o Catolicismo.

Na Umbanda, hoje, por meio da obra e da mediunidade de Rubens Saraceni, temos a grata oportunidade de ver um rico material teológico autenticamente umbandista.

Em seus mais de 50 títulos psicografados e já publicados, Rubens Saraceni já vem apresentando os fundamentos da religião de Umbanda Sagrada. E agora, o conteúdo deste volume nos parece chegar como um amadurecimento de sua própria obra. Mais uma vez, vamos constatar que tudo tem a hora certa para acontecer.

Eis que está em nossas mãos todo um conjunto de conhecimentos e fundamentos para pensar Olorum e os Orixás com uma visão totalmente umbandista.

Eu recebo este livro como um presente do astral superior e como uma oportunidade única de beber nessa fonte fecunda que é a mediunidade desse Mestre, que tem como missão a arte de revelar os fundamentos de nossa religião.

Sim, a obra de Rubens Saraceni é uma revelação que vem do astral, não apenas por se tratar de obra psicografada, mas por trazer a fundamentação de conceitos básicos e chaves para a construção de uma teologia livre, autêntica e legítima umbandista.

Perante o estudo de Teologia Comparada das Religiões e das Ciências da Religião, vemos surgir pela mediunidade de Rubens Saraceni uma Teologia de Umbanda Sagrada que tem tanto um perfil de Teologia de Revelação Umbandista quanto de Teologia Natural Umbandista.

A obra de Rubens Saraceni, ou melhor, dos mentores que se manifestam por meio de sua mediunidade, ora nos lembra as revelações do Pseudo-Dionísio, o Areopagita (por exemplo, ao revelar a estrutura da realidade de Olorum e dos Orixás), ora nos lembra a obra de Santo Agostinho (detalhando o mundo astral como nossa Cidade de Deus), e ora nos lembra a obra de Tomás de Aquino (pelo uso constante da razão e do detalhamento com que trata cada tema e assunto da Umbanda).

Temos aqui uma Teologia de Umbanda que identificamos como Teologia de Umbanda Sagrada, a qual, é importante que se diga, propõe que toda a Umbanda seja sagrada, pois não há uma Umbanda Sagrada e outra Profana. Utilizar o termo Umbanda Sagrada é uma homenagem e referência ao mentor espiritual de boa parte desta teologia, o Preto-Velho Pai Benedito de Aruanda, que sempre se refere à Umbanda, toda Ela, como Umbanda Sagrada.

Aqui está um ponto de partida para pensar a Umbanda com cabeça de umbandista. Todas as teologias, de todas as religiões, começam pelo estudo de Deus e pelas teologias da revelação, para depois buscar outras formas de teologia. Estamos presenciando a construção de uma Teologia de Umbanda original, inspirada e única.

Nossa teologia vem do astral por meio da mediunidade e dos mentores de Umbanda. Por isso é uma Teologia Revelada, livre e espontânea. Por isso essa teologia não segue um método ou uma estrutura acadêmica, por exemplo; segue muito mais a liberdade e espontaneidade presentes em todas as revelações, como os textos sagrados das demais religiões.

Essa teologia segue uma vertente popular, uma linguagem simples, fácil e acessível. Essa é uma teologia para quem quer entender a Umbanda em seus fundamentos básicos que ainda estão sendo explicados à luz da Umbanda. Para nós, isto é o mais importante: receber do astral as explicações da Umbanda à luz da Umbanda. Ou seja: a Umbanda explica a Umbanda!

Uma obra autêntica

Entre tantas revelações sobre Olorum e os Orixás presentes neste livro, exalto aqui a forma autêntica de pensar a Criação, com um olhar inédito, um olhar umbandista. É muito esclarecedora a explicação que apresenta o Todo a partir do lado interno e do lado externo da Criação. O lado interno, totalmente desconhecido, é o lado interno de Olorum; já o lado externo é sua exteriorização por meio das realidades divina, natural e espiritual. Essas realidades são presentes nos sete planos da vida, em suas múltiplas dimensões.

Somente essa forma de pensar o Universo e a Criação já nos apresenta chaves de interpretação que nos permitem um olhar que privilegia e explica a presença de Olorum e dos Orixás no início de tudo. E o que nos surpreende é a riqueza de detalhes e informação com que o autor espiritual vai explicando e desdobrando questões pertinentes à Criação. De forma minuciosa, vamos passando a ter uma visão umbandista sobre Olorum e os Orixás Originais. Sim, uma visão umbandista!

A Umbanda explica a Umbanda

Quem explica a Umbanda são os umbandistas e ponto final. Tanto os guias espirituais quanto os praticantes podem e devem explicar a Umbanda. No entanto, o umbandista precisa se preparar para tal empreitada. Deve se preparar dentro da Umbanda e não fora dela!

Todas as religiões são boas. A melhor religião é aquela que faz de você uma pessoa melhor. Seguir uma religião e sua verdade é uma escolha. Você pode receber este material como uma revelação da Umbanda para os umbandistas ou pode continuar pensando e crendo por meio dos valores de outras religiões. A escolha é sua, sempre. Por isso, a Umbanda é uma religião tão livre, nossos mentores nos oferecem o que há de melhor para nossas vidas; ainda assim, a escolha de pegar essas sementes é sempre nossa.

Aproveite cada gota desse néctar, receba e plante essas sementes, adube com amor e cresça junto com a Umbanda Sagrada.

Alexandre Cumino
Cientista da Religião bacharelado pela UNICLAR, teólogo por livre formação, sacerdote de Umbanda preparado por Rubens Saraceni e responsável pelo Colégio de Umbanda Sagrada Pena Branca

Introdução

Este livro sobre a idealização astral da Umbanda reúne um apanhado de comentários feitos por entidades espirituais que participaram dela e foi psicografado em 1995, ou seja, há 19 anos, e estava guardado com outros textos ainda não digitados e que possivelmente nunca serão publicados, porque estão desatualizados devido ao longo tempo passado desde que foram escritos.

Mas, relendo-o, percebi que ele é um relato parcial do que aconteceu no plano espiritual antes de a Umbanda ter sido fundada no plano material pelo Senhor Caboclo das Sete Encruzilhadas e por seu médium, o saudoso Pai Zélio Fernandino de Moraes, em 15 de novembro de 1908, data da sua anunciação, e no dia seguinte, 16 de novembro, data histórica, quando foi realizado o primeiro culto religioso umbandista na casa onde pai Zélio morava.

Dessas datas em diante, temos a história da Umbanda com ótimos registros históricos, tais como: as datas de fundação das primeiras tendas sob o comando do Caboclo e de Pai Zélio; a data do primeiro congresso de Umbanda, quando foram definidos alguns tópicos organizacionais e definidores do que era a nova religião e do que seus seguidores deveriam saber para praticá-la, segundo o consenso dos seus líderes de então.

Tudo o que foi feito desde sua fundação por Pai Zélio está parcialmente registrado nos livros de história, escritos por Pai Alexandre Cumino e por Pai Diamantino Trindade, os quais recomendo aos umbandistas que os leiam porque ajudam a compreender que tudo o que temos hoje foi feito por pessoas movidas por uma fé e perseverança ímpares devido aos imensos obstáculos que tiveram de superar para implantá-la e perpetuá-la como uma nova religião. A esses nossos Pais mais velhos dedicamos o respeito, a reverência e a gratidão de que são merecedores.

Aconteceram acalorados debates e choques de personalidades; no entanto, devemos agradecer a todos eles, que perseveraram e criaram a Umbanda deixando um legado do qual somos os beneficiários diretos, mesmo que discordemos de alguns deles.

Devemos entender que a Umbanda também está sujeita ao fator tempo, sendo que o que se defasou deve ser substituído por algo que lhe dê continuidade, servindo como atrator de novos seguidores possuidores da mediunidade de incorporação, porque a prática do seu culto religioso precisa desse tipo de mediunidade.

O fato é que a Umbanda possui sua história no plano material, já de conhecimento de muitos dos novos médiuns umbandistas, mas também possui sua história astral comentada parcialmente neste livro por alguns dos seus mentores espirituais que participaram da sua idealização como religião aberta e acessível a todas as pessoas possuidoras de faculdades mediúnicas acentuadas.

Lendo a Idealização Astral da Umbanda, o leitor umbandista entenderá por que ela é uma religião que consegue incorporar novos conceitos e revelações tão facilmente, ainda que provoque reações iradas dos mais tradicionalistas, impermeáveis às inovações que acontecem periodicamente.

Entenderão também o porquê do surgimento de várias correntes de pensamentos e de práticas espirituais diferentes, ainda que todas se apresentem como umbandistas.

A Umbanda foi formada no plano astral por remanescentes de muitos seguidores de antigas e já extintas religiões, mas que recolhidas no plano espiritual continuam ativas e atuantes na vida de muitos espíritos que reencarnam periodicamente para levarem adiante suas evoluções, fato este que nos explica o porquê de a maioria das pessoas possuidoras de faculdades mediúnicas sentir forte atração por certa religião do passado e muitos tentarem reavivá-las parcialmente ou a alguns dos seus mistérios.

Lendo a Idealização Astral da Umbanda, o leitor atento perceberá que também é ligado espiritualmente a alguma dessas religiões do passado e aos seus mistérios, porque em sua memória imortal elas estão registradas como suas memórias religiosas e são inapagáveis, ainda que tenham sido esquecidas temporariamente para que pudesse reencarnar e retomar sua evolução terrena.

Mas estes comentários foram escritos somente por alguns dos espíritos que participaram da idealização da Umbanda e, por isso, deve ser visto

Introdução

e lido como um relato parcial de tudo que foi idealizado com a participação de muitos outros, também merecedores de créditos.

Muitos foram os participantes da idealização da Umbanda e isso explica a grande diversidade de conhecimentos já incorporados a ela e aos que ainda serão acrescidos no decorrer do tempo.

Conhecimentos já desaparecidos poderão ser resgatados e adaptados ao tempo atual por alguém e voltarão a ser úteis aos umbandistas, pois, bem sabemos, o que é útil nunca desaparece, e sim passa por adaptações e volta a ser colocado à disposição de quem se interessar.

Pai Rubens Saraceni

Apresentação

O estudo teológico umbandista ainda não está tão bem organizado como em outras religiões mais antigas, e a Umbanda ainda se ressente de uma elaboração teológica e doutrinária que enriqueça o aprendizado dos umbandistas com textos amplos, bem fundamentados e aceitos por todos os seguidores dessa religião espiritualista.

Por enquanto, limitamo-nos ao estudo de um determinado número de assuntos que auxiliam a compreensão do universo divino e dos planos natural e espiritual, tão presentes na vida dos médiuns umbandistas.

Sim, essas três vertentes da Criação não podem ser dissociadas de nossas práticas, porque atuam simultaneamente durante nossos trabalhos, que são abertos na irradiação dos Orixás, são sustentados pelas forças naturais que os servem e são conduzidos pelos guias espirituais que desencadeiam ações enquanto conversam com os consulentes.

Sim, um guia espiritual não é um elemento solto ou isolado no plano espiritual, que vem atender as pessoas necessitadas.

Não mesmo!

Quando ele vem trabalhar é porque traz em si ligações fortes, tanto com os sagrados Orixás quanto com as forças naturais deles, e cada ação desencadeada pelo guia vibra e ressona tanto nas telas vibratórias mentais dos Orixás que o sustentam quanto em determinado(s) ponto(s) de força(s) da natureza, que é onde a ação iniciada durante a sessão de trabalho será concluída.

Assim como durante um atendimento o guia manipula elementos mágicos (ervas, pemba, colares, toalhas, fumaça, água, bebida, fitas, etc.), em uma dinâmica própria e adaptada ao Centro de Umbanda, depois do encerramento da sessão ele continua a atuar no benefício das pessoas que atendeu.

Por essas e muitas outras particularidades da Umbanda, seu estudo teológico difere do de outras religiões e procura esmiuçar os poderes ou axés dos Orixás para que, aí sim, o médium compreenda que, se todas são religiões, no entanto, a sua é diferente das outras.

- Estudamos o início da vida.
- A criação e a magnetização dos seres.
- O magnetismo dos Orixás.
- Suas funções na Criação.
- Seus campos de atuação.
- Os sete sentidos da Vida.
- As sete irradiações divinas.
- As sete linhas de Umbanda.
- A simbologia usada pelos guias, em que cada risco determina uma função e uma ação.
- Os nomes simbólicos dos guias espirituais.
- Os Orixás Exu, Pombagira e Exu Mirim.
- Os sete planos da Vida.
- Os pontos de forças da Natureza.
- O mistério das Oferendas.
- A mediunidade e a incorporação dos Guias Espirituais.
- Os elementos usados nos trabalhos.
- O mistério por trás das chamas das velas, por trás das cores, etc.
- As hierarquias dos sagrados Orixás.
- As correntes espirituais que atuam na Umbanda, à sua direita e à sua esquerda.

E vários outros assuntos que explicam a Umbanda como uma religião organizada e hierarquizada, com fundamentos divinos, espirituais e naturais sustentando-a e às ações dos Guias e amparando todos os seus adeptos e seguidores.

Na maioria das religiões, seus seguidores se reúnem em dias e horários preestabelecidos para realizarem seus cultos de louvor a Deus, orando e cantando suas preces e músicas sacras, com cada um clamando a Ele por benesses e amparo divino. E, quando o culto termina, todos se confraternizam e depois voltam para seus lares satisfeitos e confiantes no amparo divino para prosseguirem suas jornadas terrenas.

Isso é o que vem sendo feito pelas religiões através dos séculos e é um serviço religioso indispensável à humanidade e às sociedades terrenas, tão diferentes graças à diversidade de raças, línguas, culturas, etc., mas

Apresentação

com todas reguladas pelas leis sociais e religiosas, sendo que estas têm servido para moldar o caráter das pessoas desde a mais tenra idade.

As religiões são indispensáveis às sociedades terrenas!

E isso a Umbanda também tem feito pelas pessoas que se integram a ela como médiuns e pelas que frequentam suas sessões de passes, ainda que a maioria saiba muito pouco sobre seu lado oculto, tanto o espiritual quanto o divino, assim como pouco sabem sobre a variedade de "elementos da magia" usados pelos guias nos atendimentos.

Existe uma "Magia de Umbanda" desenvolvida pelos guias espirituais que não difere muito dos "sistemas de magias" de outras religiões também mágicas.

Mas a magia de Umbanda praticada o tempo todo pelos guias espirituais foi simplificada e despida de parte do cerimonialismo existente nos outros sistemas de magias religiosas, justamente para facilitar sua aplicação em benefício dos médiuns e dos frequentadores das sessões de atendimento.

Então nos compete estudar a magia de Umbanda, aprendê-la, praticá--la e ensiná-la para as novas gerações de médiuns, tão necessitados de boas fontes de informações e de estudos.

Pai Rubens Saraceni

A Umbanda e o Sincretismo Religioso

Os povos antigos, a maioria não dominando a escrita e tendo na transmissão oral a forma de perpetuarem seus conhecimentos e suas tradições religiosas, todos possuíam seus mitos sobre a criação do mundo.

Eles possuíam suas "gêneses", ainda que fossem formados por apenas algumas dezenas ou centenas de milhares de pessoas.

Era um hábito, um exercício de especulação sobre o mundo sobrenatural descrever a criação do mundo por meio de mitos fantásticos e até fabulosos, em que seres dotados de poderes miraculosos, desconhecidos pelos mortais seres humanos, realizavam proezas que os distinguiam e os tornavam objetos de cultos religiosos.

Inclusive alguns mitos da criação se aventuraram em descrever os fabulosos mundos sobrenaturais habitados por esses seres prodigiosos, descritos na maioria das vezes como pertencentes a uma realeza poderosa e dominadora, quase sempre centrada ao redor de um deus ou deusa poderosa, um deus senhor dos outros deuses!

Essa forma de se descrever o mundo sobrenatural é comum à maioria dos mitos sobre a criação do mundo e perdurou por muitos milênios, sendo que os povos encontrados pelos europeus durante o período da conquista das Américas, da África, da Oceania, da Ásia e de grandes ilhas do meio dos oceanos possuíam essa estrutura de poder e governança da criação.

Muitos desses mitos foram compilados por estudiosos europeus e foram preservados, enquanto muitos outros que não receberam a atenção dos conquistadores desapareceram, junto com seus povos, dizimados, escravizados ou convertidos à religião dos novos senhores de suas vidas e destinos.

Esses povos conquistados foram classificados como pagãos ou hereges, e apenas eram beneficiadas pelos novos senhores as pessoas que aceitavam a conversão religiosa, mas desde que não almejassem a reconquista do poder.

A Umbanda e o Sincretismo Religioso

Os convertidos deveriam ser submissos e prestativos, provando que a conversão implicava uma subserviência aos seus senhores "cristãos", estes sim ungidos diretamente pelo novo Deus, denominado Jesus Cristo, o Deus dos cristãos!

E, para surpresa dos "novos" cristãos, o Deus Jesus Cristo também possuía uma corte de "santos" a servi-lo no amparo de seus adoradores, assim como ele era descrito como o filho unigênito do Criador do Universo, que havia lhe concedido a supremacia nesse planeta Terra.

E, estudando a corte de santos, cujos nomes identificavam suas igrejas, viram que eles faziam pelos fiéis praticamente as mesmas coisas que os antigos deuses de seus povos ou nações.

Isso facilitou a aceitação da nova religião dominante e acelerou a conversão da maioria dos povos conquistados, principalmente porque os novos senhores de suas vidas haviam matado ou subjugado seus líderes, todos associados a algum dos antigos deuses, sendo que muitos desses líderes tribais se descreviam como o próprio Deus encarnado ou como filho Dele aqui na Terra, tal como os cristãos descreviam o Deus Jesus Cristo.

E, se os conquistadores haviam matado ou escravizado ou submetido seus líderes, outrora poderosos chefes tribais e religiosos, então o Deus deles, tal como eles e seus padres, eram mais fortes!

Afinal, quem mantém a admiração por um chefe tribal, por um líder religioso ou por um deus que os abandonou à própria sorte após serem derrotados pelos novos donos do poder e por seu poderoso Deus Jesus Cristo e sua corte de santos, também descritos naqueles tempos como poderosos?

Antes de haver a conversão, já havia acontecido a resignação e a submissão ao poder conquistador de suas vidas e destinos, determinados por seus novos senhores terrenos, que haviam substituído seus antigos chefes tribais, impondo-lhes um novo modo de viver e de ser governados. Ainda hoje é assim e as conversões obedecem ao que acabamos de descrever.

Ou não é verdade que as pessoas trocam de religião ou de líder religioso quando a que estão seguindo (ou quando seu líder religioso) já não está dando conta de resolver os problemas de seus seguidores?

Pedimos ao amigo leitor que reflita um pouco sobre o que escrevemos sobre a submissão e a conversão dos povos dominados pelos conquistadores europeus e o Deus Jesus Cristo ou Deus Cristão.

As pessoas insatisfeitas com sua religião ou com seu líder religioso não o trocam por outra ou por outro?

É claro que trocam!

Isso sempre foi assim e assim sempre será, ora!

Ninguém quer seguir um líder ou um deus fraco, inferior ao dos seguidores de outro líder ou de outro deus.

Tanto isso é assim e assim sempre será que algumas religiões criaram a figura do "infiel", do "herege", que deve ser excomungado, amaldiçoado, segregado, punido, expulso ou expatriado, e até torturado e morto caso as abandone.

Não é isso que algumas delas pregavam de público até pouco tempo atrás, ou pregam até hoje?

Não é isso que se vê nos noticiários o tempo todo, com seguidores de uma religião praticando atos hostis e até criminosos contra os seguidores das outras?

Que negue isso quem quiser, mas que está acontecendo o tempo todo em algum lugar, isso é verdadeiro.

As atuais religiões dominantes atuam de forma multinacional e multirracial, alcançando o máximo de pessoas e impondo-se na vida deles como a única e verdadeira religião de Deus aqui na Terra, e a única que poderá ampará-los aqui e depois conduzi-los ao céu após o desencarne.

Isso tanto é verdade quanto pode ser confirmado pelo observador atento às mensagens dos novos catequizadores, que usam dos recursos de meios de comunicações massivos.

Mas, se isso hoje é assim, no passado foi um pouco diferente, mas somente porque não existiam os meios de comunicação atualmente disponíveis, e muito bem usados por todos os novos líderes políticos e religiosos conquistadores das mentes e dos corações de seus seguidores, aos quais se mostram e se apresentam como vencedores, como possuidores de um poder maior que o de seus adversários ou concorrentes.

O que vale é a conquista, e o líder introvertido ou pouco eloquente não é valorizado ou reconhecido como tal, justamente porque não faz alarde de sua sabedoria ou de seu poder, pois sabe que este provém de Deus e pode ser tirado caso o use em desacordo com certas regras de conduta religiosa.

Isso também sempre foi assim e assim sempre será.

Geralmente, quem fala muito sobre si mesmo pouco faz por seus semelhantes, e quem muito alardeia sobre seu deus, quase sempre tem intenções ocultas por trás de seu alarde, já que procura impressionar em um primeiro momento para logo a seguir tentar converter quem lhe der ouvidos. E, em um terceiro instante, dominar sua mente e seu coração para torná-lo submisso à sua doutrina e ao seu novo deus.

Isso sempre foi assim e assim sempre será!

O fato é que, no passado longínquo, cada povo ou nação possuía seus mitos sobre a Criação e possuía sua "morada dos deuses", descrita como "Nirvana", "Éden", etc., sendo que até a novíssima religião umbandista também tem a sua, denominada "Aruanda", certo?

Então, se observarmos bem as grandes religiões dominantes, além de acabarem com os mitos dos povos conquistados, também lhes impuseram os seus e tomaram todas as precauções para que entre seus seguidores não fossem criados ou aceitos novos mitos, mais bem elaborados ou mais em acordo com os tempos atuais. E elas têm perseguido e calado todos os dissidentes ou contestadores de seus antigos mitos. Vide as leis religiosas judaicas, os dogmas cristãos e a sharia islâmica, com todas condenando quem ousar contrariar seus "cânones sagrados", escritos em códigos intocáveis, inatacáveis e incontestáveis.

Muito diferente do passado já distante, onde cada povo possuía sua religião, seus costumes, suas leis de conduta e princípios morais transmitidos oralmente de pais para filhos, de chefes para seus comandados e de líderes religiosos para seus seguidores, com uma geração preparando a seguinte, amoldando seu caráter, sua moral e sua religiosidade, com esses aspectos formando uma tríade modeladora e equilibradora das sociedades tribais.

Os mitos eram os elos fortes que mantinham todos unidos e os defendiam de seus inimigos ou adversários.

Os seres humanos se espelhavam em seus deuses e procuravam imitá-los, melhorando a si mesmos pelas qualidades superiores deles, os seres imortais que os regiam.

Cada ser possuía seu deus pessoal e este o distinguia perante seus semelhantes.

A identificação com o deus pessoal era geral e a partir do deus de uma pessoa se podia descrevê-la parcialmente.

- O filho do Deus da Guerra era aguerrido.
- O filho do Deus da Caça era caçador.
- O filho do Deus da Agricultura era agricultor.

Naquela época, a psicologia já existia, mas tinha outro nome, uma vez que a pessoa era associada ao seu deus pessoal e suas dificuldades deviam ser solucionadas junto a ele, pois ou o havia desprezado ou desrespeitado ou dele havia se afastado ou com ele havia se chocado.

Isso é familiar ao leitor seguidor dos Orixás? É familiar aos umbandistas? Acreditamos que é! Assim como acreditamos que o ser é reflexo de sua divindade pessoal e, quando não está agindo e se conduzindo segundo ela determina, então entra em desequilíbrio, ora interno, ora externo!

Isso, se ainda não é do conhecimento de todos os umbandistas, deveria ser, porque é uma verdade, assim como é verdadeiro o "mito" que nos ensina que temos nossa divindade pessoal, com a qual estamos ligados e da qual recebemos continuamente um fluxo energético alimentador de nossas faculdades mentais e direcionador de nossa evolução.

Mas, para que essas e tantas outras verdades sejam conhecidas, aceitas e seguidas pelos seguidores da Umbanda, é preciso que todos tenham à disposição, para lerem, estudarem e interpretarem, uma descrição não mítica ou mitológica do Divino Criador Olorum, dos sagrados Orixás, da Criação e dos seres que nela vivem e evoluem.

É preciso uma gênese umbandista! Foi isso que fizemos quando transmitimos ao nosso médium o livro denominado *Gênese Divina de Umbanda Sagrada.**

Mas, por ser um livro muito "técnico", sua leitura tem sido limitada a um pequeno número de leitores, justamente em razão de seu "tecnicismo".

Agora, autorizados por nossos superiores, estamos colocando à disposição dos umbandistas este livro denominado *O Livro da Criação*.

Tenham uma boa leitura!

Pai Benedito de Aruanda

---

* N.E.: Obra publicada pela Madras Editora.

Capítulo 1

Olodumarê, o Divino Criador

Olodumarê ou Olorum é o nome de Deus na Umbanda. Sua existência é incontestável e é aceita por todos os seguidores da Umbanda, ainda que muitos o substituam por Oxalá, tido como o maior ou o principal Orixá, ao qual são dedicados cantos específicos durante a abertura do culto ou "gira" de trabalhos espirituais.

Olorum é indescritível e, desde que se iniciou o culto aos Orixás, ninguém idealizou e modelou uma imagem para Ele, justamente porque ele é o princípio da Criação, da vida, e o criador de todos os Orixás.

Na Umbanda, Olorum não recebeu uma imagem e nunca deverá ser idealizado e modelado em algum ícone religioso porque nada que alguém possa imaginar poderá contê-Lo e limitá-Lo, pois Ele é em si o Todo onde tudo e todos estão contidos e acomodados. Portanto, uma parte do Todo nunca poderá contê-Lo, pois limitaria o ilimitado.

Imaginar como é Olorum está fora de nossa capacidade mental, intelectual e imaginativa. Para nós, compete interpretá-Lo de forma compreensível e aceitável aos umbandistas, facilitando sua adoração e indicando a melhor forma de entrarem em sintonia vibratória mental e espiritual com Ele por meio da fé.

Mas não somente pela fé, pois por intermédio do amor entramos em um estado vibratório elevado e Dele recebemos Suas intensas vibrações de amor, irradiadas para todos os que O adoram e O têm como o Sagrado e Divino Criador Olorum, Pai de todos os seres e sustentador do que denominamos Vida!

Olorum é a Vida e está em cada um de nós, assim como está em todas as outras formas assumidas por ela, fato esse que deu origem a incontáveis "formas de vidas", sendo que está presente nos microrganismos, apenas visíveis por microscópios, até na maior criatura que possa existir, seja nesse nosso planeta ou em outros, desconhecidos por nós. Seja nesse nosso plano material ou em outro plano da vida.

O que denominamos Vida, e o que nos torna vivos, assim como nos permite diferenciar algo vivo de algo morto, é a presença de Olorum.

Por isso, ao interpretarmos o divino criador Olorum, nós O qualificamos como o Princípio da Vida.

Essa é somente uma forma de descrevê-Lo, mas é a mais importante entre muitos qualificativos já pensados para Ele.

Afinal, sem a "Vida" não estaríamos aqui e muito menos descrevendo-O como "O princípio da vida".

Portanto, o ato de adorar Olorum é uma reverência à Vida, à nossa própria vida e, em última instância divina, só Ele pode nos restituir e reavivar ou revivificar o que em nós morreu.

Assim como Ele pode reavivar e revivificar nosso corpo e nosso espírito, enfermos ou mortificados, porque nos afastamos Dele e dos princípios divinos que O formam, Ele também pode reavivar, renovar, remodelar e revivificar nossa fé, nosso amor, nossas esperanças, nossa bondade, etc., e pode restabelecer em nosso íntimo nossa "paz interior" e nosso equilíbrio mental consciencial, espiritual e material, pois Ele é em si todos os princípios divinos mantenedores da vida e dos meios ou planos criados para abrigar os seres viventes, também todos criados por Ele.

Interpretar e ensinar sobre Olorum não é difícil e é algo gratificante para quem O ensina, e é agradável para quem realmente quer aprender sobre Ele.

Além de ser o Princípio da Vida, Olorum é o princípio da Fé, do Amor, do Conhecimento, da Razão, da Moral, da Sabedoria e da Criatividade.

Mas, além desses Princípios aqui nomeados existem tantos outros princípios divinos que podemos fundamentar Nele toda a Sua Criação e todas as formas de vida criadas por Ele.

Se escolhermos uma forma microscópica de vida (para exemplo pegamos as bactérias decompositoras), encontramos entre os princípios existentes em Olorum o Princípio Transmutador da Criação a fundamentar essa forma de vida, indispensável à manutenção do equilíbrio dos meios, em que os excessos gerados devem ser transformados em outras coisas necessárias aos seres e a outras formas de vida que neles vivem e evoluem.

A função principal das bactérias decompositoras é decompor os excessos gerados, sejam de folhas ou de frutas que não são consumidas por outras formas de vida, que caem de suas plantas produtoras e não podem ir se acumulando indefinidamente senão ocuparão todo o espaço ao redor, sufocando outras plantas menores e à sua própria produtora, que também tem seus ciclos de reprodução, sejam de folhas, flores, frutos ou sementes, que, se não forem consumidos ou decompostos, sufocarão a si mesmos por causa da multiplicação descontrolada.

Só o fato de Olorum ter criado todas as plantas e ter criado uma classe de microrganismos para decomporem os excessos produzidos por elas, e que não são consumidos pelas muitas formas de vida que convivem com as plantas, já nos indica outro dos princípios divinos.

Esse princípio, denominamos de "divina providência", pois Olorum não criou por partes, e sim criou um todo completo em si mesmo, onde tudo foi pensado e cada coisa criada, seja ela animada ou inanimada, cada uma possui sua função na Criação e é parte de um todo, completo em si mesmo, ainda que seja por demais complexo e impossível de ser visualizado ou compreendido por nós em sua totalidade.

Interpretar Olorum como "princípio da vida" é uma forma correta e, se não podemos imaginá-Lo, idealizá-Lo e contê-Lo em uma forma, no entanto podemos vislumbrá-Lo em cada forma de vida, pois Ele, como a vida, está presente em cada uma delas mantendo-as "vivas".

Amar e respeitar a vida é amar Olorum!

Amar e respeitar a própria vida é amar a partícula de Olorum contida em cada um de nós.

Amar e respeitar as muitas formas de vida é amar as muitas partes do Divino Criador Olorum, impossível de ser contido em apenas uma forma de vida, mas presente em cada uma e em todas elas ao mesmo tempo.

Mas, assim como Olorum é o princípio da vida em seu significado mais amplo, no nível dos seres humanos, que são seres espirituais dotados dos sete sentidos, Ele é o Princípio Espiritual da Vida, pois somente Ele é capaz de gerar espíritos.

Princípio espiritual da vida é mais uma forma de interpretarmos e ensinarmos o divino criador Olorum, que não é em Si um espírito e não pode ser contido em seu todo em um deles.

Portanto, é correto interpretar e ensinar que Olorum é o princípio espiritual da vida humana.

Mas interpretar e ensinar Olorum como o "Espírito Supremo" não é recomendável ou aceitável, pois tanto Ele está presente nos seres espirituais quanto está presente em todas as outras formas de vida, muitas delas animadas por outros princípios, ainda desconhecidos.

As plantas também foram criadas por Olorum e são animadas por outros meios não espirituais da vida.

E, porque um espírito humano não consegue gerar e criar de si uma planta, gerada e criada por Olorum, e porque ela também possui "sua vida" a sustentá-la, então Ele não é um ser espiritual. E ensiná-Lo ou interpretá--Lo como "o espírito supremo" não é certo e O limita a uma única forma de vida, a humana.

Essa forma de interpretá-Lo e de ensiná-Lo deu origem à interpretação que nos descreve como criados à imagem e semelhança Dele.

Se tivéssemos sido criados por Ele à sua imagem e semelhança, teríamos de aceitar que as outras formas de vidas também foram feitas à imagem e à semelhança Dele, certo?

Se não, então é falsa a interpretação que O ensina como o criador de tudo e de todos.

O fato é que Olorum é o criador de tudo e de todos, mas não é em Si um espírito, seja o supremo ou não, e sim Olorum transcende a espécie espiritual humana e contém em si, em seu Princípio da Vida, todos os princípios de todas as formas de vidas, sejam elas espirituais ou não.

Também por isso, Ele não pode ser modelado, descrito ou interpretado a partir de uma única forma ou de uma única espécie de vida.

Ele contém em Si o princípio da vida e este contém em si os princípios geradores de cada uma das formas de vida, sejam elas animadas por espíritos ou por outros recursos sustentadores delas.

Esperamos que, com esses nossos comentários, Deus seja interpretado e ensinado aos seguidores da Umbanda como o divino criador Olorum, impossível de ser idealizado e contido em uma única forma ou imagem limitadora do ilimitado. E que Ele contém em Si os princípios criadores de todas as formas, com cada uma delas sustentadas por Seu princípio gerador.

Denominá-Lo segundo a própria vontade ou a capacidade de interpretá-Lo, todos podem fazê-lo, tal como vem sendo feito desde os povos antigos, com cada um deles interpretando-O e ensinando-O de acordo com suas vontades e capacidades.

Mas os umbandistas não têm de ficar presos a antigas formas, e sim devem entendê-Lo e tê-Lo como o "divino criador Olorum" ilimitado em si mesmo, porque contém em si o princípio de todas as coisas.

Interpretá-Lo e ensiná-Lo como onisciente é correto porque Ele contém em si a ciência de tudo e de todos.

Como onipresente, é correto porque Ele está presente em tudo e em todos que gerou de Si, sendo que, nas muitas formas de vida, em cada uma delas Ele é o princípio que as gerou e que dá a elas a qualidade, a propriedade e condição de serem vivas.

Assim como está presente nas formas inanimadas ou apenas energéticas, pois também contém em si o princípio energético da Criação, que contém em si os princípios energéticos específicos de cada coisa criada, princípios estes que as diferenciam, as qualificam e as nomeiam, fazendo surgir aqui no plano material da Criação tantas formas inanimadas.

Além de conter em Si o princípio energético da Criação e deste conter os princípios de todos os "estados da energia", Olorum também contém em Si outro de seus princípios, denominado "Princípio das Formas", princípio este que dá forma a cada coisa criada por Ele, diferenciando-as pela aparência de cada uma delas.

E, porque cada forma, seja ela animada ou inanimada, está individualizada em um todo parcial específico, Olorum também contém em Si um princípio individualizador, que também contém em si os princípios modeladores de todas as formas animadas ou inanimadas criadas por Ele, sejam elas espirituais ou energéticas.

Sim, porque existem formas de vida que são animadas por espíritos, tal como a espécie humana, os mamíferos, as aves, etc., assim como existem formas de vida animadas por plasmas energéticos vivos, tal como as bactérias decompositoras, ou nosso DNA, que também é formado por um plasma energético vivo que, quando depositado no meio adequado, gera um novo corpo humano e cria as condições necessárias para abrigar em sua forma e em seu padrão energético um espírito humano, gerando aqui no plano material um novo ser espiritual.

Mas, assim como as bactérias são animadas por uma forma de vida energética, muitos outros microrganismos também são animados por suas respectivas formas energéticas vivas, que precisam absorver as energias de outras formas de vida para se multiplicarem, tal como fazem as células de nosso corpo humano, que precisam ser alimentadas com certos padrões energéticos, senão morrem.

E assim, mais uma vez fica evidente que o divino criador Olorum transcende qualquer recurso de retórica para descrevê-Lo, porque Ele não é um "espírito supremo", e sim é o criador e gerador de todos os espíritos; Ele não é uma energia, e sim é o criador e gerador das energias originais em todos os seus padrões.

Ele não pode ser modelado em uma forma, porque é o criador e gerador de todas as formas.

Assim, os recursos de retórica usados para interpretá-Lo e ensiná-Lo servem até certo ponto e facilitam a aproximação, por meio da fé, dos seres com o Divino Criador.

E isso tem sido feito desde a Antiguidade por quantos se dedicaram a interpretá-Lo e ensiná-Lo aos seus semelhantes, para que estes entrem em comunhão com Ele e Dele recebam intensos fluxos vibratórios divinos, capazes de alterar para melhor suas vidas.

Mas se nós, os humanos, somos capazes de entrar em comunhão com o divino criador Olorum e Dele nos beneficiarmos nos momentos que nos voltamos para Ele por meio de nossa fé, como podemos interpretar e ensinar a forma como Ele atua em benefício das outras formas de vida, todas criadas por Ele e também merecedoras de seu amparo divino?

Como entender a atuação Dele para com as outras formas de vida criadas por Ele?

Essa e outras questões ficam sem solução, demonstrando a todos que pouco sabemos sobre o divino criador Olorum, para nos arvorarmos em intérpretes possuidores de um conhecimento superior sobre Ele.

Capítulo 2

Olorum

De fato, não temos um conhecimento superior, e sim o que possuímos é tão discutível e questionável quanto todas as outras interpretações já feitas e que têm sido ensinadas no decorrer do tempo pelas muitas religiões existentes na face da Terra.

Mas se assim é também conosco, no entanto temos a disposição de interpretá-Lo e ensiná-Lo aos umbandistas a partir de um enfoque diferente e inovador, fato esse que renova a compreensão sobre Ele e sobre nós mesmos, Suas criações espirituais.

Ou fazemos isso ou teremos de nos apegar às interpretações alheias, que servem aos seguidores das religiões onde elas se aplicam!

OLORUM, O DEUS CRIADOR.
PRESENÇA E AUSÊNCIA

O divino criador Olorum é Deus, em toda a sua grandeza divina, e contém em Si todos os princípios divinos, não dependendo de nada e de mais ninguém para existir.

Ele é em Si o próprio existir e, se algo ou alguém existe, então deve a Olorum sua existência, porque Nele encontra todos os princípios criadores e fora Dele nada adquire existência.

E, quem Dele se afasta de livre e espontânea vontade (o livre-arbítrio), começa a se descaracterizar, perdendo as características que o distinguiam como "criação de Olorum".

Ou não é isso que ensinam todas as religiões?

Sim, é isso que elas ensinam e quem se afasta Dele realmente acaba sofrendo acentuadas deformações em seu corpo espiritual, perdendo suas características "humanas" e assumindo aparências "bestiais".

E o mesmo acontece com o corpo biológico, porque uma pessoa que odeia altera suas feições faciais e corporais, assim como altera o funcionamento de seu organismo, além de tornar-se uma pessoa amarga, intolerante e desagradável de se conviver com ela.

O mesmo se aplica ao invejoso, ao corruptor, ao corrompido, ao que se prostitui, ao falso, ao libidinoso, ao mentiroso, ao maldoso, ao cruel, ao egoísta, ao vaidoso, ao preguiçoso, ao ciumento, ao avarento, etc.

Cada um desses defeitos altera tanto o espírito quanto o corpo biológico de quem possuí-lo, e isso quando uma mesma pessoa somente possui um deles, pois há aquelas que possuem vários ao mesmo tempo.

As alterações que acontecem no espírito de quem possuir um ou vários defeitos (ou vícios) apenas podem ser vistas por quem possui uma vidência apurada. Mas as alterações no funcionamento do organismo biológico podem ser detectadas pelo bom observador.

Em Olorum existe a perfeição porque Seus princípios são perfeitos.

Já nas pessoas, cujos princípios foram distorcidos ou invertidos, as alterações tornam-se visíveis tanto em seu espírito quanto em seu corpo biológico, as primeiras vítimas das distorções e das inversões acontecidas.

As segundas vítimas são os espíritos e as pessoas ligadas a quem possui esses defeitos ou vícios.

Pois bem!

Olorum, por possuir em Si todos os princípios e não depender de nada e ninguém para assim ser, também não está sujeito às distorções e inversões de princípios que acontecem conosco, os espíritos. Mas, se Ele não está sujeito, nós estamos e somos influenciados pelo meio onde vivemos e pelas outras pessoas que convivem conosco, tanto em nível familiar quanto social.

Olorum é nosso referencial e nosso ideal de aperfeiçoamento, íntimo e exterior.

Ele é o norteador de nossa conduta e da evolução espiritual e material, e tudo que estiver em acordo com Seus princípios (perfeitos e divinos) nos é benéfico. E tudo que estiver em desacordo nos é maléfico ou prejudicial, distorcendo nossa evolução espiritual e material, desenvolvendo em nosso íntimo uma escala negativa ou distorcida dos principais valores da vida, que, em consequência, desenvolve em nossa mente uma distorção consciencial.

Distorção esta que nos afasta Dele e nos coloca em sintonia vibratória mental com todos os que também sofreram distorções conscienciais, formadas a partir de seus próprios defeitos íntimos e externos ou espirituais e materiais.

Se Olorum não está sujeito a nada e a ninguém porque é o princípio e gerador de tudo e de todos, sendo em Si a própria vida, então não pode ser comparado a nós, espíritos humanos, sujeitos ao meio onde vivemos, às pessoas e aos espíritos com os quais estamos ligados.

No entanto nós podemos ser comparados a Ele e, a partir de nossas virtudes ou perfeição ou de nossos vícios e imperfeições, podemos descobrir em nós mesmos o quanto estamos próximos ou distantes Dele.

Em uma escala, quanto mais nos aperfeiçoamos, mais virtuosos nos tornamos e mais próximos Dele nos encontramos.

E, quanto mais nos distorcemos ou nos invertemos em relação aos Seus princípios perfeitos e divinos, mais imperfeitos e mais viciados nos tornamos, e mais nos afastamos Dele.

Assim, por meio de uma escala, abstrata mas verdadeira, podemos avaliar o quanto estamos próximos ou distantes Dele, nosso divino criador.

- Amor ou ódio.
- Generosidade ou avareza.
- Bondade ou maldade.
- Misericórdia ou crueldade.
- Compaixão ou intolerância.
- Fraternidade ou egoísmo.
- Alegria ou tristeza.
- Fartura ou miséria, etc.

A escala é bipolar ou positiva e negativa, e serve para situar os seres na Criação e a relação de cada com Olorum.

Quanto mais valores positivos, mais próximos, e quanto mais valores negativos, mais distantes Dele.

Quanto mais próximos, mais O exteriorizamos a partir de nós mesmos.

Quanto mais distantes, mais o afastamos e bloqueamos em nossa vida.

Olorum, que é vida, flui por nós por meio de nossos princípios (éticos, morais, religiosos, espirituais, conscienciais, sociais, etc.) ou deixa de fluir por nós se os tivermos distorcidos ou invertidos.
• Princípios virtuosos: presença de Olorum em nossa vida.
• Princípios distorcidos ou invertidos: Olorum ausente em nossa vida.
• Presença e ausência!

A escala bipolarizada de valores define quem já está no paraíso, mesmo ainda vivendo aqui no plano material, ou define quem já está no inferno, mesmo que ainda não tenha sido enviado para ele.

Portanto, se não podemos ver Olorum em Si mesmo, podemos vê-Lo por meio de nossos semelhantes virtuosos.

E, se não podemos imaginá-Lo, no entanto podemos senti-Lo em nós mesmos por meio da vivenciação de Seus princípios e do bem que eles nos fazem, trazendo-nos a paz, a harmonia, a paciência, a esperança, a misericórdia, a compaixão, o amor, a lealdade, a fidelidade, a confiança, a certeza, a satisfação, a tranquilidade, a alegria, etc.

Sim, porque em quem e onde reinam os princípios morais, éticos, religiosos, espirituais, conscienciais e sociais em acordo com os princípios existentes em Olorum, nesse alguém ou nesse lugar a presença Dele é intensa e perceptível ao bom observador.

E, onde esses princípios estão ausentes ou são escassos, é visível e ostensiva a ausência de Olorum.

Portanto, se quisermos encontrar ou ver Olorum, temos de procurá-Lo em nós mesmos e tê-Lo em nosso virtuosismo, em nosso aperfeiçoamento moral e aprimoramento consciencial.

Procurá-Lo fora de nós mesmos é uma busca infrutífera porque Ele não é um ser, e sim é tudo, é a própria vida de cada um e de todos!

Por ser o princípio de tudo, Ele se faz presente, tanto na forma material quanto imaterial em tudo e em todos, tanto em nível individual quanto coletivo.

Se O procurarmos em uma forma de vida, seja uma planta ou uma ave, O encontraremos nos princípios da vida que as rege.

A planta é regida por determinados princípios da vida que fazem com que ela seja como é e viva segundo a dinâmica estabelecida para ela por Olorum.

A ave é regida por outros princípios da vida, que também foram estabelecidos para sua espécie por Ele, o divino criador Olorum.

Se não podemos vê-Lo ou imaginar como é, no entanto podemos confirmar Sua presença, não como uma planta ou uma ave, mas sim como os princípios que regem essas formas de vida.

E, porque, como princípio criador e gerador de tudo e de todos, Ele está em tudo e em todos, então Ele tanto está em cada uma de Suas criações quanto em todas elas ao mesmo tempo.

E isso o torna Onipresente! Sim, indiscutivelmente, se corretamente interpretado e detectado, Olorum se mostra onipresente, pois tanto é em Si o princípio gerador de cada uma de suas criações quanto está presente em cada uma como os princípios que faz com que elas sejam como são.

Isso pode ser confirmado pelo observador atento.

E, mesmo em Suas criações somente energéticas ou materiais, detectamos Sua presença, seja na água ou na terra, no ar ou no fogo, nos cristais ou nos minérios, a partir dos princípios que organizaram determinados átomos, unindo-os para que criassem as moléculas e a estas, unindo-se e formando a matéria, dividindo esta em sólida, líquida ou gasosa, dando a cada uma das espécies de matéria a condição de serem em si meios da vida.

Sim, a terra, a água, os minérios, os cristais e o ar, devidamente graduados em suas temperaturas e quantidades, formam meios adequados para a vida fluir em todo o seu esplendor divino, mostrando ao observador atento os princípios sustentadores de cada espécie de ser ou forma de vida.

Mesmo na criação energética ou material de Olorum detectamos Sua presença divina, porque os princípios que as criaram e as sustentam estão Nele e por Ele são sustentados, tanto em nível visível (a matéria) quanto invisível (os átomos).

O princípio gerador de um átomo está em Olorum, que está presente nele como os princípios energéticos que o criaram e que o sustentam, assim como está na matéria formada, também ela, por princípios energéticos muito bem definidos e precisos, impossíveis de ser desprezados pelo observador atento, induzindo-o a atribuir à "obra do acaso" o surgimento dela.

As leis físicas e químicas que definem as substâncias e a matéria em seus estados são princípios de Olorum, e muito antes de terem sido descobertas já existiam e sempre existirão, independentemente da existência dos seres humanos.

Desconectar as leis físicas e químicas do divino criador Olorum é errado, pois Ele é em Si todos os princípios criadores e geradores.

Portanto, que fique claro e muito bem definido ao umbandista que "religião e ciência" são inseparáveis e não existe contradição em alguém, que é religioso e cientista ao mesmo tempo, pois se aceitar que Nele se encontram todos os princípios, perfeitos e divinos, estes tanto são encontrados nas leis físicas e químicas quanto nas leis morais, éticas, espirituais, religiosas e sociais.

Princípio, em Olorum, é lei. E lei é o modo ou a forma como algo deve ser feito e ser conservado, de se mostrar e se conduzir.

E, porque em Olorum todos os princípios são leis, e porque as leis da Criação podem ser detectadas, então esse é o campo da ciência.

Assim como os princípios éticos, morais, espirituais, religiosos e sociais também podem ser identificados, então esse é o campo da religião.

E, porque tanto os religiosos quanto os cientistas são seres humanos e um mesmo ser pode ser um religioso e um cientista ao mesmo tempo, então não há contradição entre religião e ciência.

E se essa discussão existe em outras religiões fragilizando e dividindo as pessoas entre "crentes e não crentes", a Umbanda deve ir além dessa discórdia infrutífera e estabelecer como um de seus princípios doutrinários que a religião e a ciência são inseparáveis, porque Olorum tanto está presente nas leis morais, éticas, sociais, espirituais e religiosas, quanto nas leis físicas e químicas, já descobertas ou ainda a serem.

Isso se as leis estiverem de acordo com os princípios existentes em Olorum, pois se não estiverem, com certeza não proporcionarão paz, harmonia, equilíbrio, bem-estar, felicidade, alegria, etc., a todos, e sim somente servirão a umas poucas pessoas.

Ou não é verdade que determinadas leis religiosas criadas pelos seres humanos aqui no plano material apenas servem para um pequeno grupo dominar a mente e o coração de seus seguidores, submetendo-os a essa elite dirigente?

Se uma lei religiosa não se aplicar a toda a humanidade, ela não é perfeita e está em desacordo com as leis de Olorum, e não adianta seus criadores e aplicadores humanos se autonomearem como representantes diretos de Olorum, porque estão em desacordo com ele e com Suas leis divinas e Dele estão distantes!

Se não, então vejamos:

Algumas religiões têm leis tão rigorosas quanto cruéis em seus "códigos de leis", pois se um fiel se desligar delas, também será segregado na sociedade a que pertence e passa a ser classificado como "infiel, herege, pecador, etc.", e passa a ser evitado ou perseguido por seus antigos "irmãos de fé".

Arvoram-se em "deuses" e lançam imprecações e tormentos sobre aquele que se afastou, excluindo-o até da sociedade a que pertence, condenando-o a um "exílio" dentro dela, sendo obrigado a viver uma vida de pária ou de excomungado.

Essas leis estão de acordo com Olorum e Seus princípios perfeitos e divinos?

Não estão, e quem as pensou e as impôs está muito distante Dele, assim como está em desacordo com o princípio da vida que deu a cada ser a liberdade de viver sua vida como melhor lhe aprouver ou agradar, tendo no livre-arbítrio sua guia mestra, que irá conduzi-lo para perto ou para longe de Olorum.

Então temos nessas leis religiosas parciais distorções ou inversões dos princípios perfeitos e divinos de Olorum. E seus aplicadores, mesmo que se digam e se sintam religiosos, no entanto estão muito distantes Dele e somente perceberão isso após desencarnarem, porque, aí sim, não será preciso nada mais que seus próprios olhos para perceberem e verem o quanto se distanciaram Dele.

E a ausência Dele em suas vidas será sentida como tormentos conscienciais e espirituais.

Os tormentos conscienciais os lançarão na vergonha, na tristeza e no remorso. E esses sentimentos desencadearão a absorção de energias espirituais negativas que farão aflorar em seu corpo espiritual todas as suas deformações conscienciais das perfeitas e divinas leis ou princípios de Olorum.

A ausência de Olorum em suas vidas os atormentará de tal forma que se recolherão em si mesmos; eles se fecharão e se isolarão na ausência de vida, que geraram para si ao se elevarem ao grau de incontestáveis algozes dos sentimentos religiosos de seus semelhantes, nenhum deles inferior aos demais perante as leis da vida.

Diferentes no modo de ser, de pensar e de vivenciar suas religiosidades, sim!

Inferiores aos que vivem ou pensam ou vivenciarem de outra forma suas religiosidades, não!

Se isso acontece com os aplicadores de leis religiosas desumanas (e isso acontece), é porque em Olorum convivem todos os princípios ou leis da vida. E se algumas leis da Criação parecem contraditórias, é porque elas não se aplicam à espécie humana, que é racional, mas se aplicam às espécies ou formas de vida instintivas.

Se não, então vejamos:

A vida possui um princípio geral e tantos princípios específicos quantas forem as formas de vidas criadas por Olorum.

E o limite entre cada forma de vida é tênue, quase imperceptível, porque todas são somente formas de vida, individualizadas em espécies específicas, mas aparentadas entre si.

Ou não é verdade que a pessoa saudável e forte, com uma forma cuidadosa de se alimentar e se conduzir, tem menos probabilidades de ficar doente que outra, que não se cuida, não se alimenta corretamente e se conduz em franca oposição à vida, entregando-se aos vícios?

Então, se a pessoa que dá pouco valor à conservação de sua saúde adquire uma doença infecciosa grave por causa da debilidade de seu organismo e de suas defesas imunológicas, não deve atribuir ao agente infeccioso a culpa por seu sofrimento. E muito menos a Olorum!

Afinal, não foi Olorum que adoeceu a pessoa, e sim seu descaso com seu organismo e sua saúde é que é o culpado por seu sofrimento.

A própria pessoa é culpada por seu sofrimento, pois, se não tivesse se fragilizado, o agente infeccioso não a teria atacado.

Exposição ao álcool, ao fumo, às mais variadas drogas sintetizadas pelos homens fragilizam os organismos e suas defesas imunológicas, enfraquecem-nos e os tornam vulneráveis à ação de vários agentes infecciosos, que não agiriam se a própria pessoa não tivesse criado em si as condições de eles vicejarem em abundância e de forma incontrolável ou de difícil controle.

As condições propícias estão no corpo e no organismo da pessoa e a entrada deles se faz por meio do descaso com suas próprias vidas desregradas.

Sim, princípios tanto são leis quanto são regras.

"E quem não cuida de si, mais adiante será cuidado por alguém."

Capítulo 3

O Lado Interno da Criação

Por lado interno da Criação nos referimos ao próprio divino criador Olorum, impenetrável a todos os seres espirituais, sejam os espíritos humanos ou os que vivem e evoluem em realidades ou dimensões da vida paralelas à dimensão humana.

Sim, essas dimensões da vida existem aqui mesmo, em nosso abençoado planeta Terra.

Nessas dimensões paralelas tanto vivem espíritos, denominados naturais, quanto outras formas de vida, ainda desconhecidas pelos seres humanos.

E nenhum ser espiritual tem a capacidade de penetrar mental ou espiritualmente no lado interno da Criação, que é onde se encontra Olorum.

Por ser inacessível aos seres espirituais, não temos como fazer comentários afirmando que sabemos como Ele é.

Mas, a partir de seus mistérios, de suas propriedades, de suas qualidades, de seus princípios e de suas leis divinas sustentadoras da vida e de toda a Criação, inferimos que Nele existe a perfeição e a plenitude divinas, que é a busca de todos nós, espíritos em evolução contínua.

Em Olorum e no lado interno da Criação residem a perfeição e a plenitude, sendo apenas Nele possíveis de existirem como um estado permanente e imutável.

Cremos que em Olorum e no lado interno da Criação tudo seja estável, harmonioso, equilibrado, permanente e eterno; que é um estado perfeito, pleno, completo e imutável, somente encontrado Nele.

Tanto acreditamos que é assim que podemos sustentar uma discussão nesse sentido, porque, se assim não fosse na origem em Olorum, não seria possível nossa existência e imortalidade espiritual.

Não seria possível a estabilidade da Criação e do Universo material, infinito e eterno!

Sim, ainda que possa ter havido um instante inicial para o início do Universo, e tem de ter havido, no entanto ele é dotado de princípios divinos tão perfeitos que, se existem estrelas morrendo, também existem as que estão nascendo.

E isso vem se repetindo há bilhões de anos, demonstrando ao bom observador que, no lado material da criação, as leis são as mesmas, tanto para os seres espirituais e as demais formas de vida quanto para os corpos celestes: "todos nascem, crescem, vivem e morrem"!

A mesma lei rege tudo e todos, não importando se uma estrela vive bilhões de anos, se um ser humano vive algumas dezenas de anos ou uma mosca vive só 24 horas ou pouco mais!

A mesma lei, quando aplicada a coisas diferentes, também determina prazos diferentes para elas concluírem esse ciclo inexorável a tudo e a todos, tanto às formas de vida quanto aos meios onde elas vivem.

Não existem duas leis, uma para as estrelas e outra para os seres humanos. Mas a mesma lei, aplicada à estrela, lhe confere um prazo para concluir seu ciclo e confere outro aos seres humanos.

E, ainda assim, tanto para as estrelas quanto para o corpo biológico ou material dos seres humanos, uma mesma lei química definida por Lavoisier se aplica, quando ela afirma que na natureza "nada se perde, tudo se transforma".

Mas, para corpos diferentes formados pela matéria, existem prazos diferentes para a conclusão de seus ciclos.

Assim como houve um instante inicial para a criação do Universo, houve outro para o surgimento dos seres humanos e para cada uma das outras formas de vida existentes aqui em nosso planeta Terra e em outros mais onde haja vida em seus lados materiais, porque há vida em outros "estados" da Criação, ela é encontrada em todos os corpos celestes, desde o nosso até a mais longínqua estrela ou planeta!

É certo que não podemos provar para o leitor a existência de vida nos outros planos da Criação, mas esperamos que ao menos o leitor umbandista, já acostumado ao contado com os espíritos, admita que, além de saber pouco sobre o plano espiritual humano, nada sabe sobre os planos paralelos regidos pelos Orixás, mas acredita na existência deles, que são habitados pelos seres naturais que os manifestam quando incorporam em seus médiuns.

Sim, ninguém aqui na Terra pode afirmar que incorpora a divindade ou Orixá (Ogum, Oxóssi, Xangô, Iansã, etc.), mas sim que incorpora um ser natural manifestador de Ogum, ou de Oxóssi, ou de Xangô, ou de Iansã, etc., e apenas isso!

Afinal, o micro está no macro, mas o macro não cabe dentro do micro!

Os Orixás são mistérios da Criação e geraram os muitos "estados dela" existentes no exterior de Olorum, e quem estiver no plano gerado e regido por um deles está nele, mas o inverso é impossível de acontecer.

Bem, voltando ao lado interno da Criação, onde "reside o divino criador Olorum", como recurso literário podemos afirmar que é um estado original e divino, puro mesmo, porque nele está a origem de todos os princípios e leis divinas, assim como nele estão as origens de tudo e de todos.

Cada espécie ou forma de vida, desde a menor até a maior, e todas as formas ou padrões energéticos, todos têm suas origens em Olorum e nesse lado interno da Criação que, apesar de impenetrável a nós espíritos humanos, ele nos fornece a estabilidade e a imortalidade, ainda que em outros estados.

É no lado interno da Criação e em Olorum que tanto os princípios e as leis quanto a vida e suas múltiplas formas se fundamentam.

É em Olorum que nos fundamentamos e à nossa fé!

Capítulo 4

Olorum, como Princípio Criador, Está Presente nos Espíritos Humanos

Já comentamos que em Olorum se encontram todos os princípios, que são criadores e geradores. Então vamos aprofundar nossos comentários, para que todo seguidor da Umbanda desenvolva em seu íntimo uma fé inabalável em sua existência e uma crença firme de que Ele está presente em tudo que criou e gerou de Si, inclusive em nós, espíritos humanos.

Se sabemos que Olorum não é um espírito, não é uma planta, não é uma rocha, não é a água, etc.;

Se sabemos que tudo e todos foram gerados por Ele e lhes devem suas existências;

Se sabemos que Nele estão todos os princípios criadores e geradores, assim como as origens de tudo e de todos;

Se sabemos que Ele se encontra presente em cada uma de Suas criações, animadas ou inanimadas, mas como os próprios princípios criadores que as geraram;

Então temos de reconhecer e aceitar que Ele está presente em nós de várias formas, tais como:
- Em nossa existência;
- Em nosso espírito;
- Em nossa vida;
- Em nossa fé;
- Em nossa criatividade;
- Em nosso amor, etc.

Ou não é verdade que a origem de nossa existência está nele?

Sim, nos originamos Nele e somente existimos porque Ele nos gerou em seu princípio gerador da vida espiritual, que nos distingue como espíritos humanos, dotados de inúmeras faculdades mentais, todas elas regidas pelo princípio gerador da vida em sua forma humana.

Nós, em espírito e sem ainda termos encarnado uma única vez, somos semelhantes aos que já encarnaram uma ou mais vezes.

Em um espírito humano que nunca encarnou, vemos em seu corpo energético um cérebro, um coração, os pulmões, os rins, os órgãos reprodutores, os braços, as pernas, etc., tudo no mais perfeito estado possível.

Inclusive, para a decepção de alguns, os vemos separados por gêneros, ou seja, por corpos masculinos e femininos e todas as características que os distinguem como tais.

Não existem espíritos humanos originais andróginos ou assexuados ou bissexuais.

Os espíritos humanos originais são machos ou fêmeas e ponto final!

Compreendem a si mesmos e se aceitam como são e não questionam o fato de serem como são ou ao divino criador Olorum, porque possuem uma visão diferente da nossa sobre seus "existir" e de suas vidas.

Sentem-se "partes" de Olorum e O têm como inseparável de suas vidas e atribuem a Ele suas existências.

Não há conflitos ou questionamentos, insubmissão ou revoltas, e sim aceitação e submissão, fé e respeito, crença e amor. Dele não falam ou O discutem, mas o louvam e O reverenciam de uma forma ímpar e difícil de ser descrita, porque se sentem parte Dele e O sentem em si.

Ao louvá-Lo e reverenciá-Lo se transfiguram em luzes que ofuscam suas formas humanas.

Isso pôde ser visto por nós, os espíritos já com diversas encarnações, quando esses espíritos originais humanos nos foram mostrados por nossos superiores.

E, nos momentos em que louvam e reverenciam o divino criador Olorum, sentem-se em comunhão total com Ele, sentem-se partes de um Todo!

E, desse todo, que é Olorum, sentem a presença Dele em si, transfigurando-se em imensas luzes multicoloridas que ofuscam seus corpos espirituais humanos.

Essa é a realidade dos espíritos humanos que ainda não encarnaram.

Vivem aos pares (macho e fêmea) e isso lhes basta, não se afastando nunca de seu par perfeito.

Não vibram o desejo pelo par de outro casal (se assim podemos dizer) e essa é a base fundamental das famílias aqui no plano material, pois já trazem em suas memórias lembranças dessa existência "regrada" aos pares perfeitos, que se completam e se bastam. E, quando trocam sentimentos de amor e afeto, transfiguram-se e formam uma só luz, porque as luzes emitidas pelo par se combinam de forma perfeita, uma vez que são espíritos perfeitos, gerados na perfeição de Olorum, que também os dotou desses sentimentos de amor mútuos.

Um ama o outro e ambos amam Olorum. É dessa realidade dos espíritos humanos que se originou o "mito" do paraíso perdido.

Mas, porque são espíritos em evolução, chega um momento que já estão "maduros" e prontos para encarnarem, porque começam a vibrar o sentimento de "paternidade", desejando reproduzir em si um princípio de Olorum.

Eles têm em Olorum o princípio da vida, que não é masculino ou feminino, e sim é em si um poder gerador, que os gera em seu princípio original da vida a vida humana, na forma de pares perfeitos, que se completam e se bastam, porque um é a parte masculina e o outro é a parte feminina desse mesmo princípio, que em Olorum é inseparável e é em si uma unidade, um princípio gerador!

E, quando começam a vibrar o sentimento de paternidade, é porque já amadureceram e já estão reproduzindo em si esse mistério de Olorum.

Nesse ponto da evolução dos espíritos humanos, eles entendem que desenvolveram em si o mesmo princípio, que os gerou aos pares, e que unidos poderão dar fluidez a esse princípio que se desenvolveu neles e despertou em ambos os sentimentos de paternidade, que acelera o desenvolvimento de um conjunto de faculdades relacionadas a ele.

E, quando elas se desenvolvem, o corpo energético se adensa e a luz emitida torna-se menos difusa e mais compacta, criando uma aura definida ao redor dele mostrando que o ser já amadureceu e está pronto para encarnar ou para avançar para outro estágio evolutivo, denominado "natural".

Encarnando, os espíritos vivenciarão a paternidade gerando seus próprios filhos.

No estágio evolutivo natural, os espíritos vivenciarão a paternidade adotando espíritos mais novos e os ampararão em suas evoluções, até que eles também amadureçam e comecem a adotar seus próprios filhos.

Isso que descrevemos é regra para os espíritos, demonstrando que Olorum, ao gerar um espírito, seja ele humano ou não, o dota de um código genético divino que não se abre de uma vez, e sim vai se abrindo gradualmente à medida que o ser evolui.

E, quanto mais o ser evoluir, mais princípios, antes apenas existentes em Olorum, passam a existir no ser como sua capacitação pessoal para o exercício da vida.

Esse desenvolvimento gradual em cada espírito, que o capacita à medida que evolui, dotando-o de faculdades mentais relacionadas a princípios antes somente existentes em Olorum, nos dá a certeza de que, além de sermos partes Dele, O temos em nós por meio de nossa capacitação para o exercício da vida.

E, se não geramos de nós mesmos novos espíritos, no entanto herdamos um dos princípios da vida no plano material e somos capazes de gerarmos novos corpos humanos a partir de nosso amadurecimento e capacitação.

Quanto aos espíritos que avançam para a "dimensão natural", onde continuam a evoluir, o sentimento de paternidade também se realiza, mas de uma forma diferente da nossa, que é a humana aqui no plano material.

Os pares continuam a existir e, quando estão maduros e capacitados, tornam-se pais e mães de muitos novos espíritos, mas que chegam até eles por um meio da vida diferente do nosso.

Isso nos dá a convicção de que em todos os seres espirituais, tal como nas outras formas de vida, Olorum está presente como "faculdades" capazes de realizar coisas que antes somente Ele podia realizar.

Como é generoso o nosso divino criador! Ele nos dotou com a capacidade de reproduzirmos em nós seus princípios geradores inerentes à espécie à qual pertencemos, que é a humana, assim como dotou todas as outras formas de vida com essa mesma capacidade.

Olorum é a vida e está em nós como nossa própria vida!

Glorifiquemos Olorum respeitando a Vida e obedecendo aos Seus princípios criadores, geradores e mantenedores dela!

Por princípio criador, entendam a analogia com as faculdades ligadas à criatividade, em seu sentido mais amplo.

Por princípios geradores, entendam a analogia com nossa capacidade de gerarmos coisas novas para nosso bem-estar e também de nos reproduzirmos aqui no plano material.

Por princípios mantenedores, entendam nossa capacidade de preservar o que criamos e de mudar o que já não nos serve mais ou que precisa ser reformulado para continuar a ser útil.

Princípios, meios e finalidades estão em nós como herança genética divina imutável, porque a herdamos de nosso divino criador Olorum, e que é em Si o princípio, o meio e a finalidade de cada uma das muitas formas de vida, todas elas partes da vida em seu sentido divino, que é o divino criador Olorum em Si mesmo!

Capítulo 5

Olorum, o Pensamento e a Vontade Divina. Presença e Ausência

Somos todos resultantes da vontade divina manifestada por Olorum por meio de seu pensamento criador.

Sim, o pensamento de Olorum é um ato divino em si mesmo, e que, após ser pensado por Ele, passa a existir.

Seu pensamento criador desencadeia a ação em seus princípios divinos, e toda a criação e todas as formas animadas e inanimadas (vivas e energéticas) adquirem existência assim que são pensadas por Ele e, por serem frutos de sua vontade e nele serem geradas, tornam-se parte Dele e adquirem a imortalidade, tornando-se eternas em si mesmas.

Todo pensamento de Olorum adquire existência imediata e tudo que existe por si e em si é resultado de sua vontade divina, manifestada por meio de seus princípios divinos, que são a origem do que foi pensado por Ele, e estão no que foi gerado.

E, porque cada princípio criativo Dele está no que foi gerado por seu pensamento, então cada coisa criada torna-se eterna assim que começa a existir e se distinguir como algo ou alguém em si mesmo.

Nesse ponto de entendimento sobre Olorum chegamos à conclusão de que Ele não é um ser em Si mesmo, e sim Ele é "Pensamento e Vontade", que se realizam por si e independem de tudo mais que já foi criado por Ele para começarem a existir.

E, porque Ele está presente no que criou Sua presença na criação é que a eterniza e a torna o meio por onde se manifesta e se realiza como pensamento e vontade operantes, realizadoras e mantenedoras de sua Criação, eterna em si mesma, assim como em cada uma de suas partes.

O calor e a umidade, ou se dissipam ou se concentram.

Ao se dissiparem parece que não existem, ainda que não tenham deixado de existir, mas sim apenas deixaram de ser percebidos por nós.

Ao se concentrarem parece que começaram a existir, mas já existiam, porém não eram percebidos ou sentidos.

Assim é a presença de Olorum, que pode ser percebida ou sentida se estiver concentrada, ou não é percebida e sentida se estiver difusa ou dispersa.

Se não percebemos a presença de Olorum em algo ou em alguém, é porque neles Ele está presente de forma difusa ou dispersa.

Se percebemos a presença de Olorum em algo ou em alguém, é porque neles Ele está presente de forma concentrada.

Mas Ele nunca deixa de existir ou de estar presente, tal como o calor e a umidade que, onde não lhes é possível existir como moléculas, existem como partículas atômicas.

E onde não podem existir como átomos, existem como partículas subatômicas. Mas, assim que surgem as condições necessárias, imediatamente começa o processo de concentração e logo, tanto o calor quanto a umidade começam a ser sentidos ou percebidos, ainda que, de fato, nunca tenham deixado de existir; somente não estavam sendo sentidos ou percebidos porque se encontravam difusos ou dispersos ou em outro estado.

Não deixaram de existir porque são imortais e eternos, enquanto condições ambientais necessárias para a vida.

Sim, as condições são as vontades de Olorum para os meios da vida e das muitas formas de vida criadas por Ele.

Existem formas de vida que vicejam nos ambientes (ou meios) frios e outras que somente vicejam nos ambientes quentes, assim como existem outras que apenas vicejam nos ambientes secos ou úmidos, desérticos ou pantanosos, arenosos ou aquáticos, etc.

Em todos esses ambientes a vida está presente, ora concentrada, ora difusa ou dispersa. Mas ela está lá e pode ser percebida pelo observador atento.

Assim é Olorum, que pode não nos ser visível, mas pode ser percebido ou sentido.

E se assim é, o é porque assim Ele estabeleceu Seus princípios de conservação e manutenção de Sua Criação como um todo e para cada uma de suas partes, sejam elas animadas ou inanimadas.

Tudo obedece aos princípios e às condições específicas estabelecidas por Ele em cada uma de Suas criações.
• Para o calor, certas condições ambientais.
• Para o frio, outras condições ambientais.

Assim é Olorum, que é imortal e eterno, e está presente (concentrado) ou difuso (disperso) em tudo e em todos, estados esses que seguem as condições ideais estabelecidas por Ele para tudo e para todos, inclusive para Si mesmo.

Uma vez que tudo e todos foram pensados por Ele, são frutos de Sua vontade e O trazem em si como os princípios que os geraram, então somente estando, existindo e vivendo nas condições ideais podem tê-Lo de forma concentrada em si. E, se não estiverem nas condições ideais estabelecidas por ele para cada forma de vida, somente O terão em si de forma difusa ou dispersa, difícil de ser percebido ou sentido.

Isso podemos ver em uma planta, que, se viva e viçosa, percebemos e sentimos a vida nela, ainda que em sua forma vegetal.

Mas, se for cortada na raiz ou arrancada, vemos a vida se esvair dela à medida que vai secando e morrendo, até que se torne algo "morto", ainda possível de ser reconhecida e identificada graças à sua forma original, mas já como algo sem "vida".

Olorum, que criou aquela planta, na qual Ele se mostra como seu estado de "viva e viçosa", deixa de ser visto, percebido e sentido nela após ela morrer e só O percebemos por causa das novas condições da planta morta, que deixou de abrigar em si a vida e tornou-se um meio para outras formas de vida, que, em virtude de suas novas condições, podem atrair formas inferiores de vida, que são instintivas e dependem das plantas mortas, secas ou úmidas, para se multiplicarem.

Na planta viva, Olorum estava nela de forma concentrada como sua própria condição de uma planta viçosa.

Já na mesma planta seca, Ele está presente de forma difusa e somente pode ser percebido como um meio com condições específicas para determinadas formas de vida, que não vicejavam enquanto ela estava "viva", mas que, com ela morta, aí sim se servem dela para se concentrarem e se multiplicarem.

Mas, concentrado e sensível, ou disperso e imperceptível, ainda assim a presença de Olorum se faz visível ao bom observador.

Em sua concentração ou em sua dispersão Olorum não deixa de existir. Apenas se torna mais ou menos perceptível!

Tudo isso é fruto da vontade Dele, que pensou as condições ideais para cada uma de Suas criações, assim como pensou para cada uma outras finalidades, seja quando concentram em si mais condições que as necessárias ou quando perdem as condições ideais para viver.

Tudo é fruto ou resultante de Seu pensamento e de Sua vontade, que estabeleceram na origem de cada criação suas condições ideais para a vida e suas finalidades com ela concentrada ou dispersa.

Se assim é com uma planta, também o é conosco, pois em Olorum tudo é único, tal como a vida também o é!

Em nós, Olorum pode ser sentido e percebido ou pode se encontrar difuso ou disperso e imperceptível.

Se tivermos em nós e à nossa volta as condições ideais, Ele se encontra concentrado e perceptível. Mas, se não tivermos em nós e à nossa volta as condições ideais, Ele se encontra difuso e disperso.

Na pessoa bondosa, fraterna, amorosa, leal, fiel, equilibrada, sensata, generosa, altruísta, humanista, etc., a presença Dele pode ser sentida e percebida.

Mas na pessoa má, intolerante, irada, desleal, infiel, desequilibrada, insensata, egoísta, invejosa e desumana, Olorum não é sentido ou percebido porque foi dispersado por esses sentimentos negativos e tornou-Se difuso e irreconhecível na pessoa nessas condições.

Olorum Se concentra e Se adensa em nós a partir de nossos sentimentos nobres e virtuosos. E Se dispersa e Se rarefaz em nós a partir de nossos sentimentos malignos e viciados.

• Presença de Olorum: pensamentos e sentimentos nobres e virtuosos.
• Ausência de Olorum: pensamentos e sentimentos malignos e viciados.

Na pessoa nobre e virtuosa percebemos a presença Dele ou sua concentração. Na pessoa maligna e viciada percebemos a ausência Dele ou sua dispersão.

A pessoa nobre e virtuosa concentra em si as condições ideais para a vida humana fluir e se concentrar em si outras condições nobres e virtuosas; ela se torna uma amparadora da vida de seus semelhantes mais carentes.

A pessoa má e viciada anula em si as condições ideais para a vida humana fluir, bloqueando-as a partir de si, e se torna nociva e destrutiva, ameaçando a vida de seus semelhantes bondosos e virtuosos.

Por analogia, podemos comparar as plantas e os seres humanos.

Se não, então vejamos isto:

Uma planta, em solo fértil e bem cuidado, cresce forte e viçosa e no tempo certo dá frutos saudáveis e suculentos.

Uma planta em um solo estéril e mal cuidada cresce fraca e mirrada e dificilmente dará frutos; mas se os der, serão mirrados e desagradáveis.

O mesmo acontece com as pessoas, que dependem dos meios e dos seres que os influenciam para se tornarem nobres e virtuosas ou más e viciadas.

As exceções existem e podem ser classificadas como sementes boas e ruins que foram plantadas no solo fértil, com umas tornando-se plantas saudáveis e frutíferas (as sementes boas) e outras tornando-se mirradas e infrutíferas, ainda que o solo seja fértil.

No solo fértil somente uma ou outra se torna planta infrutífera; a maioria se torna frutífera.

No solo estéril e onde são mal cuidadas, apenas uma ou outra cresce forte e se torna frutífera; a maioria se torna mirrada e infrutífera.

O mesmo acontece com as pessoas. Nas famílias nobres e virtuosas, somente um ou outro membro se desvirtua e se vicia. Já nas famílias desestruturadas e viciadas, apenas um ou outro membro se torna uma pessoa nobre e virtuosa.

Isso acontece porque a presença de Olorum se faz intensa na terra fértil e na família nobre e virtuosa. E a ausência de Olorum se encontra no próprio desequilíbrio da terra estéril e da família desequilibrada.

E a isso ainda temos de adicionar as sementes em condições ideais para serem plantadas e os espíritos com condições ideais para reencarnarem. Pois tanto as sementes quanto os espíritos sem as condições ideais dificilmente se tornarão plantas frutíferas ou pessoas virtuosas.

Olorum se faz presente nas boas qualidades da semente e nos bons sentimentos do espírito. E se mostra difuso ou rarefeito, e mesmo ausente, na falta de qualidade da semente e na falta de bons sentimentos do espírito.

Qualidades e virtudes são sinônimos da forte presença de Olorum.

Falta de qualidades e de virtudes são sinônimos da ausência de Olorum.

Na pessoa que vibra em seu íntimo bons pensamentos e bons sentimentos a vida flui de forma intensa e agradável.

Na pessoa que vibra em seu íntimo pensamentos e sentimentos ruins a vida flui de forma fraca e desagradável.

Olorum também é sinônimo de pensamento criador e vontade inquebrantável, porque Suas vontades se realizam por meio de Seus pensamentos e geram o que pensou por meio de Seus princípios vida.

Está presente no ser que vibra em seu íntimo pensamentos e sentimentos nobres e virtuosos, amparadores da vida.

Está ausente no ser que vibra em seu íntimo pensamentos e sentimentos ruins e nocivos, destruidores e bloqueadores da vida.

Pensamentos e sentimentos nobres e virtuosos tornam Olorum presente em nosso íntimo e em nossa vida.

Pensamentos e sentimentos ruins e viciados tornam-No ausente em nosso íntimo e nossa vida.

Tudo isso é assim porque assim é Olorum e assim foi pensado por Ele, nosso divino Criador.

Capítulo 6

A Unidade em Olorum:
Uma Visão da Criação Divina

Devemos atribuir a Olorum a Criação, em seu todo e de cada uma de suas partes, sendo que Nele tudo está contido e Ele está presente em cada uma de Suas criações na forma de princípios geradores.

Em Olorum está contido o plano original e divino da Criação.

E tudo que existe nela antes já existia Nele, mas de forma análoga ao que se denominou como "estado potencial", tal como uma semente de trigo contém em si um novo pé de trigo, ainda que em estado potencial, porque ela precisa ser plantada em um solo adequado e com clima ideal e ser cuidada o tempo todo para produzir muitas outras sementes.

Observando a criação divina e estudando-a com atenção percebemos que Ele estabeleceu, tanto para as sementes, não só do trigo, quanto para os seres espirituais um "estado potencial", que depende de determinadas condições para evoluir desse estado para os posteriores.

E, assim como as sementes precisam das condições climáticas e ambientais ideais, assim como precisam de alguém que as semeie de forma correta e delas cuidem o tempo todo para que germinem e cresçam fortes e saudáveis e deem uma colheita abundante, também com os espíritos assim tem sido necessário para que se tornem pessoas educadas e virtuosas.

Olorum estabeleceu na Sua criação os meios e as condições ideais para cada uma de Suas criações, sejam elas animadas ou inanimadas, espirituais ou energéticas, etc.

A criação é perfeita em seu todo e em cada uma de suas infinitas partes, formando um conjunto equilibrado e autossustentável.

É possível observar e estudar parte da Criação, até porque ela é infinita e somos parte dela, impossibilitados de vislumbrá-la em seu todo. Mas, a parte dela que podemos observar e estudar já é suficiente para nos esclarecer e nos ensinar sobre Ele, Sua Criação e a forma como procedeu, procede e sempre procederá.

Abaixo colocamos algumas conclusões a partir da observação e do estudo da Criação:

1- Tudo e todos na Criação obedecem aos ciclos estabelecidos para cada uma das criações e "criaturas".

2- A unidade existente em Olorum continua a existir na multiplicidade da Criação, com cada coisa criada mostrando-O em suas formas e características.

3- A unidade se faz presente individualizando cada uma das criações, estabelecendo para cada uma delas as condições ideais para que tenham suas existências a partir de si mesmas, qualificando-as como criações originais e específicas.

4- Na Criação, cada coisa criada por Ele tem sua finalidade e tem seu lugar e seu espaço no meio onde está cumprindo sua função ou sua evolução.

5- Olorum não tem uma forma, mas contém em Si a origem de todas elas e está presente em cada uma por meio de Seus princípios geradores.

6- Assim como Olorum é único, essa sua unidade se mostra em cada coisa criada por Ele, seja ela animada ou inanimada, com cada uma obedecendo a um único princípio criador-gerador, exclusivo a cada uma. Fato esse que faz com que cada uma seja única, ainda que a encontremos espalhada por todo o Universo.

7- Observamos essa unidade de Olorum, que distingue as criações em sólidas, líquidas ou gasosas, pois, independentemente de sua formação material ser diferente, os mais diversos tipos de gases somente assim podem ser classificados se eles se mostrarem na forma gasosa.

E o mesmo acontece com os líquidos e os sólidos.

A seiva que circula dentro de uma planta é líquida; a água dos rios que circulam sobre a face da terra é líquida.

E, ainda que em corpos ou formas diferentes, têm as mesmas funções, que são as de irrigar e transportar nutrientes para todas as partes do todo a que pertencem.

O mesmo princípio se aplica aos sólidos, com cada um possuindo sua densidade, peso, dureza e composição atômica, que o distingue como uma matéria sólida e com suas funções específicas, pois uma concentra de átomos de ouro, outra de prata, outra de cálcio, outra de ferro, etc., com todas elas possuindo suas finalidades na Criação.

8- Com isso, observamos que tudo na Criação obedece aos seus "estados", porque, tal como os estados da matéria (sólido, líquido e gasoso), temos os estados que distinguem o que é úmido e o que é seco, o que é quente e o que é frio, o que é animado e o que é inanimado, o que é estável e que é instável, o que é ativo e o que é passivo, o que é positivo e o que é negativo, etc.

9- Tudo tem seu ponto de equilíbrio e de estabilidade, de solidificação, de liquefação, de gaseificação, etc.

E, mesmo nesses três últimos estados, ainda assim as substâncias mantêm as propriedades intrínsecas que as distinguem, ou seja: a água no estado sólido, líquido ou gasoso continua a ser água. Congelada, fria, morna ou quente, continua a ser água!

10- Ou seja: Uma mesma coisa pode se mostrar de muitas formas, mas ainda assim continua a ser a mesma e uma única coisa.

11- Assim é Olorum, que se "mostra" e está "presente" em cada uma de suas criações, independentemente do estado em que ela se encontra, porque foi Ele que a pensou e criou e se faz presente em seu princípio gerador e se mostra em sua forma final, específica e exclusiva.

12- Ou seja: A forma do abacateiro, somente ele a possui; a forma do girassol, somente ele a possui; a forma do pessegueiro, somente ele a possui, demonstrando que o princípio da unidade existente em Olorum se mantém em cada uma de Suas criações, tornando-as únicas e indivisíveis, pois não é possível uma espécie de planta produzir simultaneamente abacates e pêssegos, ou girassóis e rosas.

13- A unidade está presente na multiplicidade de criações, com cada uma delas reproduzindo em si a unidade existente em Olorum, o único capaz de gerar em si e de si todas as formas, todas as espécies e todas as propriedades intrínsecas a cada uma delas. Afinal, um abacateiro gera abacates e um pessegueiro gera pêssegos, mas somente Olorum foi capaz de gerar a ambos, e a tudo mais.

14- O mesmo princípio de unidade existente em Olorum se aplica aos seres espirituais, sejam os humanos ou os animais, todos dotados de espíritos, mas diferentes entre si, com cada um tendo sua forma, sua aparência, etc.

15- A unidade espiritual existente em Olorum não pertence a esta ou àquela espécie, mas é uma unidade que sustenta o princípio espiritual da vida em todas as suas formas pensadas, criadas e geradas por Ele, o único capaz de contê-las em Si e originar cada uma delas em Seu princípio original denominado "Princípio Espiritual da Vida".

16- Não importa se as formas assumidas pelos espíritos sejam diferentes, e sim que todos os espíritos são regidos pela unidade espiritual existente em Olorum, o divino Criador.

17- A unidade de Olorum se mostra na matéria, que tem no átomo sua unidade básica, não importando de que espécies sejam, assim como se mostra na formação do corpo humano, cuja unidade básica é a célula.

18- Mas essa unidade existente em Olorum vai mais além e, se os abacateiros provêm da unidade existente Nele, no entanto essa mesma unidade se mostra neles que, no conjunto dessa espécie, são o que são: abacateiros, mas dentro de uma mesma espécie cada pé é uma unidade em si mesma e que independe das demais para se realizar, bastando ter à sua disposição o meio e as condições ideais para existir.

19- E o mesmo acontece com os espíritos, sejam humanos ou de outras espécies.

Fiquemos somente com a espécie humana em nosso comentário sobre a unidade existente em Olorum e em cada uma de Suas criações!

20- Olorum gerou em sua "unidade humana" todos os espíritos humanos. E, se no conjunto dos espíritos humanos eles estão divididos em seres machos e seres fêmeas, no entanto trazem em si o princípio da unidade existente em Olorum e são, cada um, uma unidade espiritual em si mesma, que somente depende do meio e das condições ideais necessárias para viver e evoluir.

21- Todos somos espíritos humanos, mas não somos iguais e sim semelhantes, porque possuímos em nós mesmos nossa individualidade, que nos personaliza e nos distingue como seres humanos.

22- E, se cada espírito é em si uma unidade espiritual com sua personalidade única, isso se deve ao fato de que, mesmo tendo sido gerados na única e original "unidade geradora de espíritos humanos" existente apenas em Olorum, no entanto ela gera em si somente espíritos únicos em si mesmos, fato esse que nos mostra claramente que em Olorum não são geradas duas unidades espirituais exatamente iguais, e sim apenas semelhantes!

23- Se denominarmos cada unidade geradora de Olorum de "matriz geradora divina", e compararmos cada uma delas à capacidade que os seres humanos encarnados têm de se reproduzir aqui no plano material, veremos que o princípio gerador, único Nele, se individualiza e se especifica em cada coisa gerada, dotando cada uma delas com sua "matriz geradora" capaz de multiplicar a si mesma, como espécie criada por Ele, o divino Criador Olorum.

24- Isso pode ser comprovado ao observador atento da reprodução das espécies, com cada uma delas possuindo sua "matriz geradora" específica e inerente à espécie à qual pertence.

25- Observando as matrizes geradoras humanas (o aparelho reprodutor feminino) vemos que, mesmo sendo iguais em suas funções reprodutoras, elas não geram dois corpos exatamente iguais, e sim apenas semelhantes entre si.

Ou não é verdade que não existem dois corpos humanos exatamente iguais?

26- Mais uma vez constatamos que, se não existem dois espíritos humanos 100% iguais, ainda que ambos tenham sido gerados na única e original "Matriz Geradora Humana" existente em Olorum, o mesmo acontece na espécie humana aqui na Terra, onde uma mãe não gera dois filhos ou duas filhas 100% iguais, ainda que seu aparelho reprodutor seja o mesmo.

27- Isso é assim porque o aparelho reprodutor é o mesmo, mas as condições ideais não são as mesmas o tempo todo no corpo biológico da mulher, e a cada variação, que acontece a cada "segundo" ou em outra unidade de tempo, as condições do aparelho reprodutor dela variam, ainda que se mantenham dentro de uma faixa ideal que contém em si todas as condições. Mas variando continuamente, tanto em função das variações do próprio organismo como um todo quanto das influências internas e externas a que ela é submetida em seu dia a dia e em seu existir!

28- Isso nos indica que, se a cada segundo acontece alguma mudança bioquímica no corpo da mulher e essas mudanças alteram a composição e a formação do novo corpo humano que está sendo gerado por ela, então o corpo biológico dela não está exatamente igual o tempo todo e não possui as mesmas condições ideais, exatamente nas mesmas proporções o tempo todo.
E basta uma mínima variação para que não gere dois novos corpos humanos exatamente iguais.

29- Isso é uma verdade e pode ser comprovado pela ciência terrena, indicando-nos que a cada unidade de tempo, o segundo, por exemplo, tudo muda em si mesmo ainda que se mantenha dentro de sua forma original.

30- E, observando as constelações, as estrelas, os planetas e seus satélites, observamos que não existem duas constelações, duas estrelas, dois planetas ou dois satélites exatamente iguais, ainda que todos sejam identificados e classificados de acordo com suas "espécies".

31- Essa constatação nos leva a uma hipótese surpreendente, porque nos induz a deduzir que assim também o é com as "matrizes geradoras divinas", que, por variações que nos são desconhecidas, também não geram dois espíritos humanos iguais, mas tão somente semelhantes, com cada um possuindo sua individualidade e personalidade, específica e intransferível.

32- E, se assim for com as Matrizes ou Unidades geradoras de Olorum, e porque cada uma delas é parte de Seu princípio gerador, então concluímos que ele não é "algo" estático e imutável, mas sim que é "algo" que está em contínuo movimento e alterações em Si mesmo, mas com elas acontecendo apenas em cada uma de suas matrizes geradoras, e não nos princípios que as regem e regulam.

33- Essa dedução nos leva à grandeza divina de Olorum, no qual o que é imutável são seus princípios geradores e não o que, a partir deles, é gerado, pois se assim não fosse, nada se tornaria uma unidade em si mesmo e não poderia se individualizar dentro do Todo.

34- A matriz original e divina geradora de espíritos humanos somente gera espíritos humanos, porque ela é regida e regulada pelo princípio humano da vida, assim como o aparelho reprodutor de uma mulher, ainda que apresente diferentes condições para a reprodução a cada segundo, apenas é capaz de gerar corpos humanos, e nada mais.

35- Essa constatação nos induz a crer que o mesmo se aplica a Olorum, com princípios imutáveis e sustentadores para cada coisa que gera, mas em contínuas alterações nos "meios" ou no interior das matrizes geradoras onde elas são geradas.

36- Essas constatações, e muitas outras, foram obtidas a partir de observadores dedicados da Criação divina, atentos ao que observavam, para não confundirem as finalidades com os meios e esses com os princípios, fato esse que os levou à conclusão de que, em Olorum e em tudo que Ele criou, os princípios são os mesmos, imutáveis e eternos, e o que aparentemente muda são os meios e as finalidades!

37- Sim, porque o princípio é imutável, o meio onde o espírito humano é gerado em Olorum também o é, porque é em si uma

Matriz divina geradora deles. Mas as condições dessa matriz, ainda que as alterações sejam mínimas, mudam a cada instante, para que não sejam gerados dois espíritos exatamente iguais.

38- O mesmo acontece com o aparelho reprodutor feminino, que é em si uma matriz geradora de corpos humanos, mas que nunca gera dois corpos 100% iguais, reproduzindo no plano material o que sua análoga divina realiza.

39- As observações podem se estender para outras espécies espirituais, como os mamíferos em geral e para as espécies de vegetais, pois encontraremos essa repetição individualizadora em todas as espécies que forem estudadas meticulosamente.

40- Isso nos leva à conclusão que já comentamos linhas atrás, que nos diz isto: o divino criador Olorum tem em Seus princípios a imutabilidade e a eternidade. E tem em cada uma de Suas matrizes geradoras das muitas formas de vida a capacidade de gerar, em cada uma, uma mesma espécie, mas com nenhuma de suas gerações exatamente iguais, e sim semelhantes!

41- Quem, senão Ele, seria capaz de algo tão maravilhoso?

Capítulo 7

As Matrizes Geradoras de Olorum: Onde a Vida Tem Seu Início

Não sabemos como é o processo criativo e o gerador existente em Olorum, porque não temos capacidade para tanto. Isso já foi comentado em capítulos anteriores.

Mas, por observação atenta, foi possível descobrir e constatar que cada uma de Suas criações, após ser exteriorizada, traz em si a capacidade de gerar de si novas réplicas, que as eternizam enquanto espécies.

Assim é com os seres humanos e assim é com os bichos e as plantas, etc. Essa capacidade de se reproduzir em certos meios e sob determinadas condições foi herdada de Olorum quando estavam sendo gerados em Suas matrizes geradoras.

Alguém pode arguir que Olorum não gera os corpos humanos, e sim apenas a espécie humana gera novos corpos humanos.

Mas algo deve ser comentado aqui, para que um questionador qualquer não venha a recorrer a sofismas convincentes e retire do criador Olorum o que somente a Ele pertence e a Ele deve ser creditado, pois, se não gera os corpos humanos, no entanto estes têm de ser animados por espíritos para permanecerem vivos.

Observando a partir do lado espiritual o processo de geração de um novo ser no útero de uma mulher, isso foi observado e foi constatado em todas as outras posteriormente observadas.

Após a fertilização do óvulo por um espermatozoide, começou o processo de geração de um novo corpo humano e, após 72 horas, um cordão etérico do calibre de uma dessas linhas de bordar veio do lado espiritual e se ligou a determinado ponto do "óvulo" em acelerada multiplicação celular, e tanto o envolveu todo por um campo "áurico" quanto o impregnou todo com uma energia plasmática, que preencheu todo o seu interior.

Esse cordão astral foi seguido até sua outra ponta e lá ele estava ligado a um espírito, que também havia sido envolvido por um campo etérico ou espiritual muito luminoso.

Com o passar dos meses, o corpo em formação foi adquirindo feições humanas e o espírito que nele encarnaria foi sendo atraído por ele, assim como foi perdendo suas antigas aparências, até que chegou um momento em que o corpo em gestação já estava mais bem definido e o espírito estava reduzido e contido dentro de seu campo, exatamente do tamanho do campo ao redor do corpo em formação.

Nesse ponto os dois campos se equalizaram, adquirindo as mesmas pressões internas e, com o amparo de espíritos amparadores das encarnações, em uma ação rápida e muito bem realizada, o campo do espírito foi colocado dentro do útero da gestante, com os dois campos se fundindo em um só, bem mais denso e luminoso.

Dali em diante o espírito já havia "encarnado".

Ele viveu sua vida terrena e, no momento do desencarne, o espírito teve rompido o cordão que o mantinha ligado ao seu corpo biológico e este, por sua vez, entrou no estado de putrefação, deteriorando-se em pouco tempo, demonstrando que a vida havia saído dele.

Essa e muitas outras observações confirmaram que o princípio humano da vida não está localizado no corpo biológico, mas no espírito que o anima, o imanta e o sustenta.

O mesmo se repetiu com outras formas de vida, observadas e estudadas muito tempo atrás.

As mesmas ligações de espíritos acontecem com as fertilizações *in vitro* realizadas em laboratórios de medicina, tenham os óvulos fertilizados sido reintroduzidos no útero de sua geradora, no de uma "mãe de aluguel", ou mantidos *in vitro* e depois tenham sido destruídos.

Essas últimas observações foram feitas recentemente por espíritos responsáveis pelo acompanhamento das encarnações e nos levam a crer que existe um poder ou uma força sobrenatural que atua automaticamente na encarnação pela indução de uma mente divina que, assim que se passam as 72 horas iniciais, estabelece a ligação de um espírito humano ao óvulo fertilizado e em acelerada multiplicação celular, formadora de um novo corpo humano, ainda que a fertilização seja *in vitro*.

Aqui, resumidamente, descrevemos o que espíritos amparadores das encarnações observaram e descreveram com detalhes o que acontece para que um espírito encarne ou reencarne, sendo que o que nos chamou a atenção foi a ligação que acontece após as primeiras 72 horas, seja com a fertilização natural ou *in vitro*, confirmando o que já havíamos observado com as sementes dos vegetais estudados por nós, e que, resumidamente, nos mostrou isto:

A semente, após ser plantada, ou colocada em um solo com as condições ideais (umidade, temperatura, etc.), assim que começou seu processo de germinação, um plasma etérico a envolveu e a imantou toda com uma "energia viva" plasmática, que acompanhou a planta por toda a sua vida e começou a desaparecer assim que ela foi arrancada.

Nas sementes observadas, o "plasma etérico vivo" começou a se formar, tanto por dentro quanto por fora, assim que começaram a germinar, imantando e vivificando as plantas até que elas "morreram". E, assim que foram arrancadas ou cortadas pelas raízes, começou o processo de sublimação do plasma energético vivo e elas começaram a murchar e secar.

Essas observações aqui descritas foram e ainda são feitas no lado espiritual humano por espíritos estudiosos das muitas formas de vida existentes em nosso planeta Terra e nas dimensões da vida paralelas à nossa dimensão espiritual.

Apenas nos limitamos a resumir e colocar aqui essas observações e estudos apuradíssimos, para que, mais uma vez, fique confirmado que a vida é regida por princípios imutáveis e inerentes a cada uma de suas formas.

Descrevemos como processos "automáticos" entram em ação tanto nas gestações de novos corpos humanos quanto na germinação das sementes dos vegetais.

Essas observações e estudos foram e ainda são desenvolvidas em "escolas espirituais", e todo o conhecimento já acumulado lhes pertence.

Servimo-nos deles para, descrevendo como é a encarnação dos espíritos, podermos descrever como se nos apresenta a geração de espíritos dentro de suas matrizes geradoras divinas.

Esse outro conhecimento sobre a vida não pertence às escolas espirituais, mas ao plano divino da Criação, e foram transmitidos a espíritos altamente evoluídos por mensageiros divinos, semelhantes a Anjos, segundo aqueles que o receberam.

As Matrizes Geradoras de Olorum: Onde a Vida Tem Seu Início

E, segundo esses espíritos mentores da humanidade, ainda que não possam comprovar o que lhes foi transmitido, no entanto creem piamente que são revelações verdadeiras e que ajudam a entender parte do mistério Olorum em si mesmo.

Vamos a essas revelações!

1- Em Olorum, a geração das muitas formas de vida acontece com cada uma delas possuindo sua matriz geradora divina, indissociada Dele.

2- Cada matriz geradora da vida gera uma forma de vida específica e nenhuma outra. E tanto a gera em seu gênero masculino quanto feminino.

3- Os espíritos são gerados por Olorum em um "estágio" diferente do que conhecemos e são vistos como "centelhas" luminosas, inconscientes sobre si, mas com todos possuindo ou trazendo em si um "código genético divino espiritual".

4- Ainda nesse estado, inconscientes sobre si, assim que são gerados, cordões finíssimos os ligam ao "mental criador" de Olorum e Dele recebem uma imantação divina que os individualizam e os isolam dentro de um campo protetor vivo e divino.

5- E, quando esse campo é todo ocupado pela centelha, que é o espírito no estado embrionário, ele fica em gestação por um tempo não revelado até que esteja pronto para ser exteriorizado e começar seu ciclo evolutivo, sempre regido pelo princípio espiritual da vida, que regulará cada um de seus estágios evolucionistas.

6- Cada matriz geradora, mesmo nos sendo desconhecida, assemelha-se a um útero, pois gera em seu interior "vidas" espirituais.

7- Nesse tempo que permanece dentro de sua matriz geradora, o ser está em Olorum e é parte dele, assim como está em seu "lado interno", indescritível e irrevelável.

8- Nesse estágio o ser está em Olorum e Dele recebe a imantação divina que o qualifica e o individualiza para viver "sua vida" pessoal nos estágios posteriores de sua evolução espiritual.

9- Nesse estágio divino, o ser espiritual não cresce para fora e sim cresce por dentro e para dentro da Criação, que é Olorum em si mesmo.

10- Esse crescimento "para dentro" é lento e graduado e o ser vivencia seu crescimento vivendo no "estado de graça" ou divino, indescritível e irrevelável, mas que o torna uno com Olorum, e se sente parte Dele.

11- Nesse "estado de graça" o ser e Olorum são uma só vida, porque ele está vivendo a vida que há em Olorum e que é a vida em seu "estado divino".

12- Ainda nesse estado, o ser e Olorum são uma só coisa, uma só vida, uma só consciência, um só viver!

13- E, nesse estágio dentro de sua matriz geradora, todas as centelhas espirituais se alinham em círculos ao redor de uma imensurável centelha viva e divina descrita como a divindade de Olorum que habita no âmago de sua matriz geradora de espíritos.

14- E, à medida que os círculos mais internos vão sendo "absorvidos" por essa centelha divina, o círculo posterior é atraído para mais perto e as pequenas centelhas espirituais brilham com mais intensidade, extrapolando seu campo protetor e individualizador.

15- As centelhas que são absorvidas pela imensa centelha divina desaparecem dentro dela, e o que acontece nesse ponto da geração do novo ser espiritual não nos foi revelado.

16- Mas, após um período de tempo, o novo ser está pronto para ser "dado à vida" no "lado de fora" de Olorum, que é sua Criação exterior.

17- Esse "lado de fora ou lado exterior da Criação" é formado por sete planos denominados "planos da vida", com todos ocupando o mesmo espaço, infinito em si mesmo, mas com cada um deles vibrando em um grau diferente, não interferindo com os outros.

18- Cada um desses sete planos é uma realidade da Vida, um meio divino por onde ela flui em todo o seu esplendor e divindade.

19- Cada um desses sete planos vibra em um grau específico e o que ou quem estiver dentro de um não tem noção da existência dos outros, e dele não sai por si só, porque é parte dele.

20- Os planos são separados por graus vibratórios de uma escala divina, macroscópica, sendo que o primeiro deles é o mais sutil e rarefeito e o sexto é o mais denso e concentrado, permeando o plano material da Criação.

21- Cada um desses sete planos, já os descrevemos no livro *A Gênese Divina de Umbanda Sagrada*, publicado pela Madras Editora.

22- No primeiro plano da vida estão assentadas as divindades de Olorum que amparam a vida no "lado de fora da Criação", denominado "mundo manifestado", sendo que o termo mundo se refere ao todo gerado por Olorum e que foi exteriorizado por meio de suas matrizes geradoras.

23- Essas divindades de Olorum também se assemelham a imensuráveis centelhas divinas e são descritas como "manifestações e manifestadoras divinas" do Divino Criador Olorum.

24- Cada uma dessas Divindades é uma manifestação externa Dele e possui em si Sua divindade.

25- Essas divindades são inseparáveis Dele e cada uma é um mistério divino em si e realiza em Seu exterior ou no "mundo manifestado" as mesmas funções que exerce em Seu lado interno.

26- Essas divindades são regidas por princípios divinos estáveis, imutáveis e eternos, tornando cada uma delas um poder atuante de Olorum, por meio das quais Ele rege Sua Criação exterior.

27- Cada uma é um poder manifestado, porque no lado externo da Criação são onipotentes, oniscientes e onipresentes, pois são em si manifestações divinas de Olorum!

28- Para a compreensão e o entendimento do seguidor da Umbanda, essas divindades são os verdadeiros, os genuínos e os originais Orixás Ancestrais.

29- Cada uma dessas divindades, manifestada na forma de uma centelha viva e divina imensurável, é um mistério de Olorum em si e é a responsável pela recepção da vida em suas muitas formas em seus primeiros instantes, depois de ter sido gestada dentro das matrizes geradoras e exteriorizadas por Ele, nosso divino criador!

30- Não nos foi revelado quantos desses Orixás Ancestrais existem no primeiro plano da vida, e sim que o número deles transcende nossa compreensão atual da Criação, pois tanto existem Orixás Ancestrais responsáveis pelo amparo e manutenção da Vida quanto pela geração e manutenção dos corpos celestes, aos quais nós, os espíritos humanos, somente os vemos no sexto plano da vida, em seu lado material.
Mas eles também iniciam suas existências no primeiro plano.

31- O número exato de Orixás Ancestrais não nos foi revelado, mas é muito maior que aqueles descritos na *Teogonia Nagô*, que se limitou aos que atuam em nosso planeta Terra e, ainda assim, somente os relacionados ao dia a dia e aos aspectos e condições de vida dos seres humanos.

32- Portanto, o "universo dos Orixás" é muito maior que o que já sabemos sobre eles.

33- Afinal, apenas sabemos o que nos influencia aqui em nosso planeta e está relacionado à espécie humana e ao meio onde vivemos e evoluímos.

34- Mas, e quanto aos trilhões de estrelas, planetas e satélites? O que sabemos sobre eles? Nada, não é verdade?

35- É a mais pura verdade e estará faltando com a verdade quem ousar afirmar que sabe tudo sobre os Orixás.

36- Na verdade, apenas sabem o que lhes foi revelado, e nada mais.

37- Afinal, saber fazer trabalhos ou rezas nas forças dos Orixás aqui já conhecidos, isso não é difícil, desde que se tenha quem lhe ensine o que também aprendeu.

38- Mas saber sobre todos os Orixás não é possível, porque somente nos são conhecidos os que foram revelados no decorrer dos tempos e, ainda assim, apenas parcialmente.

39- Portanto, aqui nos limitamos a transcrever e a tecer comentários sobre o que nos foi possível assimilar a partir de revelações trazidas até nós por espíritos altamente evoluídos.

40- O fato é que não nos foi revelado quantos Orixás Ancestrais existem no primeiro plano da vida, e sim apenas aos quais estamos ligados desde nossa exteriorização por nosso divino criador Olorum, porque foram eles que nos acolheram e até hoje têm nos amparado e alimentado energeticamente por meio do cordão mental vivo e divino que nos une a eles, com uns estando ligados a um par e outros a outros pares formados por eles, nossos ancestrais divinos.

41- Esses nossos Orixás Ancestrais divinos são os mesmos desde o primeiro instante de nossa exteriorização para o mundo manifestado.

42- Mas, antes de sermos exteriorizados, já havíamos sido ligados a eles por um processo divino, durante o qual fomos ligados a um par de Orixás Ancestrais.

43- Ainda no interior de nossa matriz geradora, e após termos nos integrado à divindade que vive dentro dela como uma centelha viva e divina imensa, semelhante a uma estrela muito brilhante e imensurável, dois cordões mentais vivos e divinos provenientes do par de Orixás que nos regem "por dentro" se ligaram a nós, ainda na condição de centelhas espirituais minúsculas, e começaram a nos imantar e criar ao nosso redor um campo protetor capaz de nos proteger depois de sermos exteriorizados por Olorum por meio de nossa matriz geradora.

44- Se não sabemos como é a geração de espíritos por Olorum, no entanto inferimos que existe uma analogia com a reprodução humana, porque a distribuição dos novos espíritos, ainda na forma de centelhas ao redor da divindade que "habita" no interior da matriz geradora, e que vão sendo atraídos e interiorizados por ela, guarda uma relação direta com a fertilização do óvulo, quando os espermatozoides ficam se movimentando ao redor dele até que um consegue atravessar sua membrana protetora e iniciar a multiplicação celular geradora do novo corpo humano.

45- Mais uma vez, mesmo não sendo possível "ver" a geração de novos espíritos, e nos servindo de uma revelação que nos chegou dos níveis mais elevados e evoluídos da Criação, é possível deduzir que, em Olorum, os princípios geradores tanto são aplicados no nível macro quanto no nível microcósmico.

46- Ou seja: uma matriz geradora divina pode gerar milhões de espíritos simultaneamente, pois é divina, enquanto uma mulher no geral apenas é capaz de gerar um novo corpo humano e, excepcionalmente, mais de um.

47- Mais uma vez deduzimos que os princípios são imutáveis, mas se adaptam aos meios e às espécies criadas por Olorum e geradas em Suas matrizes divinas.
Afinal, entre as espécies de animais existem aquelas que gestam de uma vez vários novos filhotes.

Capítulo 8

O Nascimento dos Espíritos

No capítulo anterior descrevemos e comentamos o que nos foi revelado sobre a geração de espíritos por Olorum.

Também comentamos sobre a Matriz onde eles são gerados, sobre a existência de sete planos distintos e isolados entre si por graus vibratórios divinos, fazendo com que, mesmo com todos eles ocupando o mesmo espaço, no entanto cada um vibre dentro de um limite do "espectro vibracional divino", com cada um deles separado dos outros.

Comentamos sobre a existência de incontáveis divindades existentes no primeiro plano que, entre suas muitas atribuições e funções, uma delas é projetarem para dentro da Matriz geradora de espíritos pares de cordões mentais que se ligam aos espíritos em gestação e criam ao redor deles um campo que se sobrepõe ao campo original já existente, para que, posteriormente, ele possa ser exteriorizado em segurança, protegido das energias existentes nesse primeiro plano da vida.

Comentamos que essas divindades existentes no primeiro plano da vida são muitas e somente algumas foram nomeadas com nomes humanos e identificadas de forma geral como "Orixás", mais especificamente como Orixás Ancestrais, os primeiros a nos acolherem no primeiro instante de nossa exteriorização por Olorum mediante sua Matriz geradora dos espíritos criados por Ele.

Comentamos que o número de "Orixás Ancestrais" é muito maior do que já se conhece e que sabemos muito pouco sobre eles, com todos se limitando a saberem o que lhes foi ensinado aqui no plano material, e nada mais.

Fato esse que dificulta a compreensão sobre eles, por causa do entendimento particular de cada pessoa sobre o que lhe foi transmitido ou ensinado, não concedendo a ninguém aqui na Terra o grau de "sabedor de tudo" sobre os Orixás, e muito menos sobre Olorum!

Com isso entendido e aceito por nosso leitor umbandista, então podemos avançar em nossos comentários sobre a geração e a exteriorização de espíritos por Olorum.

Avancemos!

O conhecimento sobre o processo de exteriorização dos espíritos gerados por Olorum é muito bem conhecido a partir da quinta faixa vibratória para cima.

Aqui, vamos resumir um vasto conhecimento, já existente e que já o transmitimos no livro inspirado por nós ao nosso médium psicógrafo, denominado *Gênese Divina de Umbanda Sagrada*.

O fato é que, após a nova centelha espiritual ser absorvida e internalizada pela Matriz geradora de espíritos existentes em Olorum, do primeiro plano da vida lhe chega um par de cordões energéticos mentais e divinos, que foram projetados por um par de divindades denominadas por "Orixás Ancestrais".

Esses dois cordões entram na centelha divina, cada um por um lado diametralmente oposto ao outro, e formam um eixo que a atravessa e a mantém ligada de forma definitiva ao par de Orixás, que também não possuem forma humana e sim se assemelham a centelhas imensuráveis, verdadeiras "estrelas vivas e divinas", estacionadas desde sempre no primeiro plano da vida.

Após algum tempo e quando a centelha espiritual se adensou e se concentrou, então ela está com seu código genético divino formado e toda a sua capacidade mental já foi desenvolvida para o "lado de dentro" da Criação, ou seja: para Olorum! O novo espírito está pronto para ser exteriorizado e começar sua evolução no exterior Dele.

Comentamos que, durante sua gestação dentro da Matriz geradora de espíritos, o ser está totalmente voltado para Olorum, que é parte Dele e que Nele amadurece.

Ou seja: para Olorum, o ser espiritual está voltado para receber Dele tudo o que precisa, para que, quando for exteriorizado, possa dar início à abertura de todo um código genético divino e a todas as suas faculdades mentais que, se em Olorum são plenas, no novo espírito ainda se encontram em estado potencial.

Comentamos que o espírito, ainda na forma de uma centelha, se abria para o lado de dentro da Criação, ou seja, para Olorum, e Nele vivia no "estado da graça" porque fazia parte de um todo, do qual recebia tudo que precisava e vivia na plenitude de Olorum, que o tornava pleno em si mesmo.

Então temos isto: como espírito gerado e vivendo em Olorum, o ser amadureceu na plenitude divina existente Nele!

"Por dentro", o ser amadureceu em Olorum! E, quando alcançou um grau de maturidade plena, tornou-se apto a ser exteriorizado e a iniciar sua evolução no mundo manifestado.

Nesse estágio o ser, ainda uma centelha espiritual dotado de um código genético divino e de um número indeterminado, mas muito grande de faculdades mentais ainda em estado potencial, é enviado para o primeiro plano da vida, onde ficará, de novo, ao redor de uma imensurável centelha divina, que é o Orixá ancestral "predominante", que irá reger sua evolução no mundo manifestado.

O Orixá que forma o par com o predominante, nomeamos "recessivo", e ele também atua sobre o ser, mas com menor intensidade.

Orixá Ancestral predominante é aquele que imprimirá uma carga magnética mental específica mais forte, transmitindo ao novo espírito uma personalidade muito bem definida, que o caracterizará e o individualizará de tal forma que o distinguirá entre tantos outros semelhantes.

Orixá Ancestral recessivo é aquele que imprime uma carga magnética mental menos intensa no novo espírito e uma personalidade complementar à que recebeu do predominante, dando ao novo espírito a possibilidade de abrandar parcialmente a personalidade que irá caracterizá-lo e influenciá-lo durante sua evolução.

O Orixá predominante pode ser masculino ou feminino, e o mesmo acontece com o Orixá recessivo, mas sempre formando um par macho-fêmea.

Não existe a possibilidade de um novo espírito ser ligado por duas ondas ou cordões mentais provenientes de dois Orixás masculinos ou dois Orixás femininos, pois eles se repelem.

Sim, somente um cordão masculino e outro feminino se ligam ao espírito-centelha ainda dentro de sua matriz geradora divina. E isso obedece a um princípio divino formador dos seres espirituais humanos, que são masculinos ou femininos.

Cordões mentais masculinos se repelem e cordões mentais femininos se repelem. Cordões mentais masculinos e femininos se atraem, ligam-se e formam um campo ao redor da centelha do novo espírito, criando ao redor dela um campo denominado mental, e que se sobrepõe ao campo divino já existente ao redor do ser espiritual ainda em "gestação".

Estudos criteriosos sobre o mental humano revelam que o campo divino protetor da centelha obedece a princípios muito bem definidos.

O campo divino ao redor do ser-centelha tem um lado interno e outro externo, e o mesmo acontece com o campo gerado pelo par de Orixás Ancestrais que irá regê-lo no exterior de Olorum.

O lado de dentro do campo revela um magnetismo positivo e o lado de fora revela um magnetismo negativo em uns espíritos, e é o inverso em outros.

Como a ciência dos magnetismos mentais divinos dos Orixás é muito complexa, não iremos comentá-la aqui, porque existem Orixás masculinos com magnetismo mental positivo e outros negativo.

Vamos nos limitar a comentar que o magnetismo interno é regulado pelo Orixá predominante e o magnetismo do lado externo é regulado pelo Orixá recessivo.

A ciência sobre os Orixás é vastíssima nos planos espirituais mais elevados e uma de suas áreas estuda o magnetismo deles nos seres espirituais, tanto nos racionais quanto nos instintivos, assim como o estuda nos elementos formadores dos meios onde as muitas formas de vida vivem e evoluem.

Eles influenciam até as plantas, os insetos, os peixes, as aves, etc.

O fato é que o campo mental de um espírito que acabou de ser exteriorizado tem um magnetismo duplo, uma polaridade para o lado de dentro e outra para o lado de fora assemelhando-se a um ímã, que possui dupla polaridade.

Mas, nos espíritos, o magnetismo mental não possui dois polos localizados nos seus extremos, ele possui um campo por dentro e outro por fora.

O de dentro é regido pelo Orixá predominante e o de fora é regido pelo Orixá recessivo.

Por dentro o ser espiritual recebe uma carga energética denominada "fatoradora", proveniente do mental ou centelha divina predominante, que tanto tem a função de energizar o tempo todo o código genético divino e manter em equilíbrio as suas faculdades mentais quanto a de manter o equilíbrio com a carga que o ser está recebendo do Orixá recessivo.

O equilíbrio entre a carga interna e a externa ou entre a carga recebida "por dentro" do predominante e a recebida "por fora" do recessivo é fundamental para a manutenção do equilíbrio mental do ser com o meio onde ele vive e evolui.

Porque em Olorum e em sua criação os princípios são os mesmos, ainda que aplicados a criações diferentes, mesmo o corpo humano é regulado pelo equilíbrio entre seu lado interno e seu exterior.

A pressão interna e a pressão externa de um corpo obedecem ao princípio divino que deu a tudo dois lados, com um voltado para seu interior e outro voltado para seu exterior.

O mesmo acontece com o mental dos espíritos, ou dos Orixás, porque todos possuem um lado voltado para dentro da Criação, ou seja, para Olorum. E possuem outro lado voltado para fora, ou seja, para o que existe na Criação!

A existência desses dois lados em equilíbrio regula tudo e todos, sendo que quando esses dois lados se desequilibram, o ser entra em desequilíbrio em relação ao centro da Criação ou em relação a Olorum, ou entra em desequilíbrio com a Criação, que é o meio onde vive e evolui.

Além de desequilibrar o ser interna e externamente, também causa o desequilíbrio em algumas ou várias de suas faculdades mentais.

Como na Criação os princípios sempre são os mesmos e sempre se repetem, poderíamos comparar a carga energética do mental de um espírito com a de um átomo.

Observem que não estamos comparando o espírito com um átomo, e sim afirmamos que podemos fazer uma comparação analógica de suas cargas energéticas, certo?

Que isso fique registrado e esclarecido aqui, para que mais adiante não apareça alguém desequilibrado e diga que comparamos o espírito humano com os átomos.

O fato é que todos os mentais humanos possuem uma carga energética interna que provém do mental de seu Orixá Ancestral. E possuem uma carga externa que provém de seu Orixá recessivo.

Mas também recebem continuamente e diretamente de Olorum uma carga equilibradora, que mantém o equilíbrio entre as cargas internas e externas.

A analogia pode ser feita se compararmos a carga interna com os prótons, a carga externa com os elétrons e a carga equilibradora de ambas com os nêutrons, que, entre suas várias funções em um átomo, tem a de equilibrar seu "lado interno" ou núcleo com seu "lado externo" ou eletrosfera.

Mas poderíamos estender esse "princípio equilibrador" dos mentais dos seres espirituais a tudo mais que existe na criação divina, que iremos encontrá-lo, ainda que esteja atuando sobre coisas diferentes.

Foi estudando os Princípios Divinos que foi possível vislumbrar a grandeza divina de Olorum em toda a sua Criação.

Em Olorum existe o princípio criador, que cria tudo o que ele pensar.

Em Olorum existe o princípio gerador, que gera e dá forma, vida ou existência a todos os seus pensamentos.

Em Olorum existe o princípio equilibrador, que dá o ponto de equilíbrio a tudo e a todos, ou seja, à Criação e às muitas formas de vida que nela vivem e evoluem.

Em Olorum existe o princípio estabilizador, que dá estabilidade a tudo e a todas as coisas.

Em Olorum existe o princípio ordenador, que ordena tudo e todos.

E assim por diante, porque em Olorum os princípios originais são em tão grande número que não sabemos quantos existem, de tantos que Ele possui em Si mesmo.

Assim é com Olorum e assim é com cada um dos Orixás Ancestrais, aqui descritos por nós como centelhas luminosas imensas e impossíveis de ser visualizados.

Além de sermos parte de Olorum, também somos partes de um par de Orixás Ancestrais, que estão nos amparando e nos direcionando desde o primeiro instante de nossa existência no exterior de Olorum até hoje, aqui nesse nosso abençoado planeta.

O fato é que, tal como o espírito que encarna e nasce para a vida no plano material por meio do corpo gerado pela união das duas partes do código genético gerador de corpos humanos, e não de espíritos humanos, assim também acontece com nosso nascimento espiritual no mundo manifestado, pois chegamos a ele dentro de um campo mental divino gerado por um par de Orixás Ancestrais que nos amparam, sustentam e direcionam até hoje porque eles, que são em si manifestadores divinos do Divino Criador Olorum, também são estáveis, imutáveis e eternos em si mesmos!

A grandeza divina de Olorum tanto está Nele quanto em Seus manifestadores divinos, assim como está, ainda que parcialmente, em cada uma de suas criações, sejam elas animadas por uma forma de vida ou por um padrão energético!

A grandeza divina de Olorum, Nele, é seu estado, que é divino. Em nós, ela está em estado potencial, competindo-nos retirá-la do estado em que se encontra em nós e transformá-la no estado que se encontra em nossos Orixás Ancestrais, que é divino, imutável e eterno.

Em você, amigo leitor, como se encontra a grandeza divina de Olorum?

Ela já aflorou, ainda que parcialmente, ou ainda permanece em estado potencial, tal como uma promessa a se realizar no futuro?

Capítulo 9

A Unidade e a Pluralidade Geradora de Olorum

Em Olorum existe a unidade em todos os aspectos que o observarmos, mas porque mesmo na unidade Olorum é infinito em si, ou seja, tanto é infinito por dentro quanto por fora, um princípio Dele, ainda que seja único é em si mesmo o princípio de um infinito número de princípios relacionados e regidos por ele.

Assim entendido, então temos o Princípio da Vida, que em Olorum é uno e inseparável Dele, pois Ele é a vida em si mesma e por si.

Mas o princípio da vida é, em si, capaz de criar e criou infinitas "formas de vida".

O princípio criador da vida é um só, mas ele possui em si mesmo a capacidade de criar tantas formas de vidas quanto for a "vontade" de Olorum.

E assim também o é com a matriz geradora da vida, que é em si única e inseparável de Olorum, mas que possui em si a capacidade de gerar todas as formas de vidas pensadas e criadas por Ele.

Ou seja: "Por fora", tanto o Princípio da Vida quanto a Matriz Geradora da Vida são em si uma unidade de grandeza divina.

Mas tanto o princípio da vida quanto sua matriz geradora, por dentro, são infinitos em si mesmos e tanto podem criar quanto gerar simultaneamente todas as "formas de vidas" já pensadas por Ele.

Então temos em Olorum a unidade e dentro da unidade a pluralidade.

Se não, vejamos:

Na classe dos mamíferos, todos os novos espécimes são gerados a partir da fertilização dos óvulos pelos espermatozoides, as duas partes dos códigos genéticos dos mamíferos.

Todas têm de ser gestadas em úteros, ou em matrizes geradoras.

Todas têm um tempo para a conclusão da gestação e para nascerem, até porque ainda que sejam mamíferos, no entanto são de espécies diferentes e com finalidades diferentes no meio onde vivem e evoluem.

Então encontramos aqui no plano material a unidade do Princípio da Vida, não nas espécies geradas, e sim na forma como os corpos de cada espécie começam a ser gerados, e que é a partir da fertilização do óvulo produzido por uma fêmea pelo espermatozoide de um macho da mesma espécie.

O princípio da vida é imutável para todas as espécies de mamíferos e começa com a fertilização do óvulo pelo espermatozoide.

E a matriz geradora também é única, pois, ainda que os úteros gestores sejam diferentes, no entanto todos são úteros e são geradores de novos corpos de mamíferos, com todos animados por espíritos, diferentes entre si, mas todos regidos pelo Princípio Espiritual da vida.

Sim, todos os mamíferos, assim como muitas outras "formas de vidas", são animados por espíritos.

São animados pelo princípio espiritual da vida e não importa se são racionais ou instintivos; se são humanos ou não, pois o que importa é que o princípio espiritual está em todas as espécies de mamíferos e todas obedecem ao mesmo princípio gerador de seus corpos biológicos, assim como todos são gerados dentro dos úteros maternos.

Assim também o é com o Princípio Equilibrador da Criação Divina, que é único em si mesmo, pois somente existe um Princípio Equilibrador em Olorum.

Mas, se esse princípio é único e inseparável de Olorum, porque tudo que Ele gera, gera em equilíbrio, no entanto esse princípio único denominado equilibrador traz em si a capacidade de dotar cada uma das infinitas criações de seus pontos de equilíbrio.

Sim, cada uma das criações de Olorum possui seu ponto de equilíbrio, ainda que o número de criações seja infinito.

A partir da compreensão da forma que Olorum está "presente" em Suas criações, que é através de seus princípios, tudo mais também se torna compreensível.

Afinal, segundo um mentor espiritual, onde está um princípio da vida, basta procurar com atenção que encontrará outros.

Ou não é verdade que a geração de um novo corpo humano obedece à absorção graduadíssima de elementos químicos, proteínas, vitaminas, sais, etc., do organismo da mãe gestora?

Assim como depende do calor (a temperatura), do ar (a oxigenação), da umidade (o sangue e o líquido amniótico), da terra (ossatura), dos vegetais (óleos graxos), dos minerais (as vitaminas), dos cristais (os sais), com todos sendo absorvidos de forma contínua, ordenada e equilibrada.

Aqui não vamos descrever todo o processo de gestação, porque esse não é nosso propósito e, além do mais, têm à vossa disposição ótimos livros escritos por especialistas no assunto.

Nosso propósito é demonstrar que por meio dos Seus princípios Olorum se faz presente de muitas formas na gestação de um novo corpo humano.

E que um único princípio que escolhermos para detectarmos sua presença, o encontraremos em tudo e em todos que foram criados por Ele.

O princípio gerador original de Olorum é um só, mas ele tanto gera um corpo humano quanto uma estrela.

O princípio graduador original Dele tanto gradua a formação de um corpo humano quanto uma estrela.

O princípio equilibrador original de Olorum tanto equilibra um ser humano quanto uma estrela.

E assim sucessivamente com todos os princípios que escolhermos para identificar a unidade existente em Olorum e a multiplicidade existente em cada um deles, pois, se um princípio é único, no entanto ele participa e está presente em cada coisa criada e gerada por Ele.

Assim é Olorum, que tanto está na origem de tudo quanto está presente, a partir de seus princípios, em tudo que criou!

Capítulo 10

Os Princípios São Poderes de Realização em Olorum

Os princípios divinos existentes em Olorum são, em si, poderes que se realizam automaticamente, tanto na Criação quanto em cada coisa criada por Ele, justamente porque atua sempre da mesma forma em cada uma dela.

O poder do pensamento, em Olorum, é o próprio ato de criar e dar forma e atividade a cada um de seus pensamentos, que se realizam a partir do próprio ato de Seu pensamento, que, por sua vez, se realiza por meio de Seus princípios divinos e originais.

Não sabemos como Olorum é, no entanto O identificamos em cada uma de Suas criações e isso nos leva a crer que Seu pensar, ainda que seja abstrato, no entanto se realiza por si só, porque o pensamento Dele é em si um ato criador e gerador e que, assim que algo for pensado, já passa a existir em Sua Criação divina.

E, uma vez que o pensar em Olorum é um ato criador e gerador, então é um poder em si mesmo, pois tanto pensa algo como lhe dá existência imediata.

O ato de pensar em Olorum é o ato de criar, gerar e dar existência a algo.

Logo, o princípio criador de Olorum é inerente ao seu pensamento, assim como o é o ato de gerar e de "passar a existir".

A unidade existente em Olorum nos induz a crer que, Nele, pensamento, criação, geração e existência sejam partes inseparáveis de um todo, que é justamente Seu pensar, único e incomparável a qualquer coisa que conhecemos, inclusive nosso próprio pensamento, pois podemos pensar em algo, mas depois temos de descobrir como dar existência ao que pensamos.

Em nós o pensamento é algo em si, e o ato de dar existência ao que pensamos é outro ato, porque o que foi pensado não começa a existir apenas porque foi pensado por nós.

Já em Olorum, assim que algo é pensado, esse algo passa a existir em Sua Criação assim que foi pensado por Ele.

Além do que, toda criação de Olorum sempre faz parte de um todo e a ele se integra e o engrandece ainda mais.

Em nós, nem sempre o que criamos se integra ao meio em que vivemos ou à nossa vida.

O pensar em Olorum é pleno e completo e sempre as Suas criações visam à plenitude dos meios e dos seres que neles vivem e evoluem.

As criações de Olorum sempre são complementares e ampliadoras das possibilidades das outras já criadas anteriormente.

Por isso entendemos que, em Olorum, Seus princípios são poderes que se realizam e se aplicam de forma natural e automática, mas sempre de acordo com Seu pensar divino.

Capítulo 11

A Divindade em Olorum e na Criação

Em si, ainda que não saibamos como Ele é, no entanto sabemos que contém em Si todos os princípios da Criação e, para cada um, também tem em Si sua matriz geradora das criações originadas de Seu pensar divino.

Em Si, Ele é um todo divino, uno e inseparável, e Sua Criação obedece ao princípio da unidade existente Nele e em cada uma de Suas criações, fato confirmado por não existirem dois corpos ou dois espíritos humanos exatamente iguais ou duas plantas iguais, ainda que pertençam a uma mesma espécie.

OLORUM, O ETERNO E A ETERNIDADE

Um dos grandes enigmas que atormentam os pensadores de todos os tempos e de todas as religiões é sobre como surgiu a Criação e seu Criador. Esse fato já rendeu muitas discussões acirradas sobre os mais diversos pontos de vista e as mais diversas teorias já foram elaboradas sobre como tudo aconteceu.

Guerras religiosas sangrentas já tiraram a vida de muitas pessoas, com cada lado querendo impor ao outro sua interpretação sobre como tudo aconteceu. E, no final delas, após os contendores desencarnarem, todos foram para o inferno e não saíram mais, porque todos estavam errados, e principalmente porque quem tira uma vida em nome de Deus perde sua própria vida e daí em diante terá de viver na ausência da vida.

Os umbandistas não devem ter essa preocupação nem entrar em discussões sobre Olorum e sua Criação, porque nunca chegarão à verdade sobre tal assunto.

O que devem saber é que Olorum é a própria eternidade em si, e essa Sua propriedade divina nos indica que em Olorum não há um início, justamente porque ele é Eterno.

Por eterno entendemos que Ele sempre existiu e sempre existirá, porque se bem entendemos, a propriedade de eterno nos indica que não existe um começo para Ele.

Nós, os espíritos, não somos eternos em nós mesmos, já que fomos criados por Ele e nele temos o início de nossa existência e, ainda que não saibamos quando Ele nos criou, O temos como nossa referência, pois somos criaturas e não nosso criador.

Tudo na Criação, em seu lado material, pode ser datado, mas isso somente é possível porque a partir de Olorum tudo tem seu instante inicial, que está registrado na Linha do Tempo.

O umbandista deve tirar de sua mente a preocupação sobre esse enigma e resumir as infindáveis discussões a isto: somente Olorum é o Eterno em si mesmo e de si deu início à existência do que Criou, dando ao nosso corpo biológico uma existência temporária e ao nosso espírito Ele deu a imortalidade, para que possamos evoluir em Sua Eternidade.

A Eternidade é uma das propriedades de Olorum, que, em nós, os espíritos humanos, se mostra como nossa imortalidade.

Capítulo 12

O Existir em Olorum: Olorum e os Orixás

Olorum é o poder criador, uno em si, mas presente em tudo o que criou e já foi comentado por nós em capítulos anteriores.

Quanto aos Orixás, temos de desenvolver comentários bem fundamentados que demonstrem a unidade, na qual cada um deles é uma parte inseparável Dele e por isso são interpretados como "Divindades de Olorum" manifestadoras de Seus poderes na Criação.

Mas, para podermos comentá-los, temos de fazer algumas diferenciações quanto ao uso do termo Orixá.

Se não fizermos isso não os fundamentaremos corretamente e não desenvolveremos comentários límpidos e definidores deles.

Temos de diferenciar um Orixá que é em si uma manifestação de Olorum e o que é um ser divino manifestador dos mistérios do Orixá que o nomeia e distingue.

Já comentamos que o número de Orixás é muito maior do que se imagina ou se sabe até agora.

Quanto ao uso do termo Orixá, ele se popularizou de tal forma que é comum os médiuns se referirem aos seus guias espirituais chamando-os de "Orixás", assim como outros se referem a santos católicos como "Orixás" cristãos.

Se aplicarmos de forma generalizada o termo Orixá para eles, assim como para guias e santos e mesmo para seres naturais manifestadores de mistérios individualizados, então não temos como comentá-los, pois, se todos são Orixás, como diferenciar o Orixá Xangô de um Caboclo de Xangô?

Se dermos uso generalizado ao termo Orixá, então precisamos separar os planos onde ele está sendo aplicado.

Para isso ser feito de forma correta, optamos por dividir a Criação em três lados:

• O lado divino – Orixá divino;
• O lado natural – Orixá natural;
• O lado espiritual – Orixá espiritual.

Na verdade, a criação está dividida em sete lados, mas aqui nos limitamos a comentar esses três. Vamos a eles:

O lado divino da Criação é um mistério de Olorum no qual estão assentadas todas as classes de divindades que são manifestadoras diretas de poderes e mistérios, que são indissociadas Dele porque são inerentes à Sua "natureza" divina.

Esse "Lado Divino da Criação" tanto está aberto para o interior quanto para o exterior dela, porque as divindades assentadas nele tanto estão em Olorum, como suas partes divinas, quanto estão na Criação como poderes de realização Dele, capazes em si de darem existência ao pensar Dele, quanto de, por si, ampararem os meios e os seres que neles vivem e evoluem.

O lado divino da Criação é Olorum manifestado e cada divindade nele assentada é Olorum manifestando-se em Sua Criação e na vida dos seres exteriorizados por Ele.

Portanto, nesse lado divino da Criação, Olorum e seus manifestadores são inseparáveis, porque cada um de seus manifestadores não existe por si mesmo, mas são manifestações Dele.

Essas manifestações são denominadas "Divindades-Mistérios", porque são em si partes inseparáveis de Olorum e são cada uma delas um poder Dele, que tanto estão Nele quanto em Sua Criação, assim como estão presentes, como Princípios, em cada uma de Suas criações. E estão de tal forma presentes nas criações Dele que podem ser identificados, classificados e nomeados na linguagem humana terrena.

Mais adiante avançaremos nossos comentários até esse nível. Agora, fiquemos no nível divino da Criação.

Assim como Olorum já recebeu muitas interpretações e muitos nomes, essas suas Divindades-Mistérios, aqui no plano material da vida, também já receberam muitos nomes e foram interpretadas segundo a visão das muitas religiões.

O fato é que, assim como não sabemos como Olorum é em Si, também não sabemos quando Ele deu início à existência da Criação. Mas deduzimos que, se temos a eternidade à nossa frente, também a temos no passado, uma vez que o termo "eterno" implica na constatação de que não existe começo, meio e fim, e sim é algo em si que transcende o tempo e é atemporal.

O que possui em si a qualidade de "eterno" é atemporal e independe da existência de um instante inicial, mas serve de base para marcar o instante inicial do que não é eterno ou atemporal e tem seu momento ou "instante inicial" em que passou a ter existência e, portanto, é temporal porque tem seu momento inicial ou "data de existência".

Por isso, essas Divindades-Mistérios de Olorum, porque tanto existem Nele como Suas partes internas como existem em Sua Criação como Seus poderes manifestados, são classificados como "atemporais, eternos e imutáveis".

Se eles tanto estão em Olorum quanto em Sua Criação e de forma simultânea, então são os dois lados (o interno e o externo) Dele.

Mas, em seu lado interno, cada uma dessas divindades-mistérios são Seus poderes criadores e geradores, e em Seu lado externo são esses mesmos poderes manifestados por Ele, do qual não podem ser separadas ou dissociadas porque são os dois lados do Criador Olorum!

Nesse nível de interpretação de Olorum, que é o mais elevado que se nos mostra, nada tem forma, mas, tem existência, uma vez que o "existir" é em si algo que somente é encontrado em seu estado puro em Olorum, que não depende de mais nada ou de coisa alguma para "existir".

O existir por si só, apenas é encontrado no próprio Olorum e nem às suas divindades mistérios ele se aplica, no sentido de "puro", porque cada uma delas existe porque Nele existe e, se Ele não existisse, elas também não existiriam.

Logo, mesmo as Divindades-Mistérios de Olorum dependem de que Ele exista para elas existirem também.

Entre muitas coisas, o existir está em Olorum e tudo e todos apenas adquiriram existência, seja interna com poder inerente a Olorum ou externa como poder manifestado por Ele, porque Nele reside o existir.

Então, se o existir em Olorum é puro e original, porque Nele esse existir independe de mais nada, porque é um "estado de Olorum", estado esse que tanto existe por si só quanto dá existência a tudo mais, acreditamos ter deduzido corretamente ao atribuir a Olorum o "ato de existir" e a origem de tudo que existe, uma vez que somente adquire existência o que por Ele ou Nele passou a ter existência, ou seja, passou a existir!

A máxima filosófica que diz: "Penso, logo existo!", aplicada ao ser humano, explica-se, entre outras, desta forma:

• Eu penso, logo existo, porque meu ato de pensar me faz identificar-me e a tudo mais que existe à minha volta, assim como, tenho ciência da minha própria existência!

• Em Olorum o existir dá existência a tudo que existe.

• Assim como Seu pensar dá existência a tudo que Ele pensa.

• Em Olorum, o existir em si é que dá a condição de existir ao seu pensar, pois assim que algo é pensado por Ele, esse algo passa a ter existência, e isso já comentamos.

Assim entendido, cada Divindade-Mistério é em si um poder de Olorum, porque Nele cada uma é uma parte e um poder Dele. Mas que Nele não existem por si só, e sim dependem de Ele existir para elas existirem também.

Nós, os espíritos humanos, somos gerados em Sua matriz geradora a partir do princípio espiritual da vida.

E, depois de algum tempo, porque somos temporais, ou seja, temos um instante inicial, somos exteriorizados por Ele.

Assim, tivemos um existir interno ou no interior Dele e temos, atualmente, a existência em Seu exterior. E, justamente por ser assim conosco, os espíritos, vivemos em busca Dele, procurando compreendê-Lo para aí sim compreendermos a nós mesmos.

Já em relação às Divindades-Mistérios aqui comentadas, por serem poderes Dele, elas são atemporais e tanto existem Nele quanto participam da Criação como Seus poderes criadores, que são em si eternos, estáveis e imutáveis.

Essas Divindades-Mistérios, por serem em si poderes de Olorum que tanto estão Nele quanto em Sua Criação, inclusive como Seus princípios criadores e geradores, são denominados Orixás Originais e Dele são inseparáveis.

Portanto, cada "Orixá Original" é uma parte de Olorum e tanto são identificados Nele como Seus poderes criadores e geradores originais, quanto estão na Criação como Seus poderes criadores exteriorizados e sustentadores de tudo e de todos que por Ele foram exteriorizados.

E, na Criação de Olorum, nada nem ninguém adquire existência externa se não for por meio desses Orixás Originais, que são inseparáveis

Dele porque são Seus poderes operantes que dão existência ao que por Ele já foi, está sendo ou ainda será criado.

Na falta de uma nomenclatura adequada a esses Orixás originais e porque eles são em si poderes criadores e geradores que tanto estão em Olorum quanto em Sua Criação, ou seja, estão Nele ou em seu lado interno quanto estão na Criação ou em Seu lado externo, precisamos desenvolver uma forma humana de identificá-los, ainda que saibamos que eles não têm forma, e sim que são em si Princípios Divinos.

Sim, cada Orixá original é em si um Princípio em Olorum, que dá existência ao Seu pensar por meio deles.

Interpretando dessa forma o divino criador Olorum e seus Orixás originais conseguimos organizar e fundamentar a religiosidade dos umbandistas diretamente Nele, porque com os Orixás originais tem início a existência de tudo que por Ele foi pensado e criado, inclusive os Orixás que são cultuados nos pontos de forças existentes na natureza terrestre e que são seus santuários naturais.

A existência de uma correspondência direta de Olorum para seus Orixás Originais e destes para tudo e todos gerados neles enquanto princípios em si mesmos e regidos por eles enquanto poderes operantes nos dá a fundamentação tanto em Olorum quanto em Seus Orixás originais e dá sustentação às manifestações religiosas feitas em nome Dele (Olorum), quanto nos deles (os Orixá Originais), tanto nos cultos rea,lizados nos pontos de forças da natureza quanto nos templos a eles consagrados para práticas religiosas.

Pois bem! Retomando a interpretação e a criação de uma nomenclatura adequada, nos níveis espirituais mais elevados da dimensão espiritual humana espíritos altamente evoluídos criaram uma nomenclatura ou uma forma humana para identificá-los, nomeá-los e estudá-los, não em si mesmos, pois são inacessíveis, e sim por meio dos Princípios que eles são em si mesmos e dos poderes que exercem sobre toda a Criação, porque são em si poderes de Olorum.

Cada Orixá original não recebeu um nome humano, e sim cada um foi associado a um Princípio Original de Olorum, que são, todos eles, únicos em si mesmos e unos em Olorum, mas que podem ser encontrados nos meios e nas muitas formas de vida pensadas e criadas por Ele, fato esse que torna cada um dos Orixás Originais onipresentes, porque tanto estão em Olorum como em cada uma das Suas criações.

Capítulo 13

Orixás Originais: Os Princípios de Olorum e da Criação Divina

Cada Orixá original pode ser interpretado de muitas formas e nomeado com muitos nomes, porque, se são únicos, no entanto se "abrem" para o lado exterior da Criação ocupando-a totalmente, dando a ela existência e forma.

E, entre as muitas formas de interpretação e nomeação já existentes, optamos por essa que nos foi transmitida e que se mostra como ideal para nosso propósito, que é o de fundamentar a Umbanda e seus mistérios em Olorum.

Vamos a ela!

Identificamos em Olorum sete princípios da vida, entre muitos, que servem como modelo interpretativo ideal porque eles tanto estão Nele quanto na Criação, assim como estão em nós.

Esses sete princípios da vida são em si poderes criadores, geradores, mantenedores e sustentadores da Criação e de todas as espécies e formas de vida nela existentes e que podem ser identificados, nomeados, estudados e comentados a partir de suas existências, tanto na Criação quanto nas criaturas que nela vivem e evoluem.

Por serem princípios divinos não receberam nomes humanos, e sim foram nomeados de forma humana.

Os sete princípios originais da vida e que são encontrados tanto na Criação quanto nos seres e demais formas de vida criadas por Olorum são estes:

1- Princípio da Fé;
2- Princípio do Amor;
3- Princípio do Conhecimento;
4- Princípio da Razão;
5- Princípio da Ordem;
6- Princípio da Evolução;
7- Princípio da Geração.

Cada um desses princípios exerce, entre muitas, algumas funções que se destacam e são detectadas no que ou em quem as procuremos. Vamos a elas:

1 - Princípio da Fé: Função magnetizadora.

Essa função tem a finalidade de dotar cada espécie criada por Olorum, seja ela animada ou inanimada, de um magnetismo geral e inerente aos de uma mesma espécie. E, por ser função de um princípio original, ela possui em si a capacidade de ter um magnetismo específico para toda uma espécie, fato esse que a individualiza entre muitas outras semelhantes, mas não iguais; ainda possui em si o poder de dar um magnetismo específico para cada unidade gerada dentro de uma mesma espécie.

Como exemplo, recorremos aos espíritos humanos, que vivem e evoluem dentro da dimensão humana da vida planetária, dimensão esta que vibra numa frequência específica de um grau magnético divino, separando-a e isolando-a de todas as outras dimensões existentes em nosso planeta Terra.

Esse magnetismo "humano" que a distingue e a separa das outras dimensões possui em si uma capacidade única e divina de imantar o mental de cada espírito humano com um magnetismo que o individualiza e o separa de todos os outros, tornando-o em si uma unidade única dentro da espécie humana, ainda que se assemelhe a todos os outros espíritos humanos.

Destacamos o poder magnetizador existente no Princípio da Fé porque é ele que dá o magnetismo específico para cada uma das criações de Olorum, seja para um planeta ou para um espírito humano, fato esse que faz com que não existam dois planetas ou dois espíritos humanos exatamente iguais.

E o mesmo se aplica a tudo e a todos criados por Olorum.

Por isso e por todos os demais poderes e funções específicas do Princípio da Fé, que tanto estão em Olorum quanto estão no Orixá original da Fé, assim como estão presentes em cada uma das criações exteriorizadas, individualizando-as e sustentando-as nos meios onde estão vivendo e evoluindo.

Adiante, em outro capítulo, destacaremos outras funções do Princípio da Fé, que estão presentes em Olorum, no Orixá Original da Fé e em todas as criações animadas e inanimadas.

Esse magnetismo individualizador está presente desde o macrocosmo até nos átomos e nas micropartículas que os formam, fato esse que permite a existência como uma unidade em si mesma, tanto para as micropartículas subatômicas quanto para cada átomo, individualizados e distinguindo-os como uma unidade dentro de tantos outros átomos semelhantes, mas não iguais.

O mesmo se aplica a dois espíritos humanos, a dois planetas, etc.

As cargas dos átomos de um mesmo elemento químico são idênticas, com cada um tendo os mesmos números de prótons, nêutrons e elétrons, fato esse que permite que se liguem para formar a matéria, tais como os átomos de ferro, cobre, lítio, ouro, prata, etc. Mas que, a partir da matéria visível e palpável, podem ser separados e voltarem a ser unidades em si, sem perderem suas características intrínsecas, justamente porque cada um possui seu magnetismo específico e individualizador.

É certo que as espécies de átomos, para se unirem, precisam estabelecer entre si certas ligações, mas elas somente acontecem segundo determinadas condições ideais, tanto entre os de um mesmo elemento químico quanto entre os de espécies diferentes.

O Princípio da Fé exerce muitas outras funções, algumas das quais comentaremos em capítulo à parte sobre os poderes regidos diretamente por ele.

2 - Princípio do Amor: Função Gestadora.

A função gestadora do Princípio do Amor é original e inseparável de Olorum, que tanto gesta por meio dela Seu pensar, do qual se originam Suas criações, assim como a ela recorre para gerar e dar existência a tudo que for pensado por ele.

Por observação, porque tudo e todos na Criação possuem um tempo específico para ser gestados, desde uma estrela até o corpo humano, deduzimos que mesmo em Olorum Seus pensamentos criadores permanecem em gestação dentro de suas matrizes geradoras, dentro das quais são gestados, dando existência ao que por Ele foi pensado.

Não importa que período dure a gestação de cada espécie e como ela acontece, porque em Olorum tudo é divino e atemporal, e sim que temos como correta nossa dedução porque cada princípio tanto está na origem de cada criação quanto está nela.

Assim como uma semente em uma incubadora gesta uma nova planta durante determinado tempo, a mesma planta nascida dela gesta por outro determinado tempo novas sementes, todas com o poder de, se incubadas, gerarem novas plantas da mesma espécie.

A função gestadora tanto está presente em cada semente quanto está em cada planta gestada, que gera novas sementes.

Assim como a função magnetizadora, regida pelo Princípio da Fé, é uma "função geral", porque magnetiza e individualiza tudo e todos, desde o micro até o macrocosmo, a função gestadora regida pelo Princípio do Amor também o é, pois cada forma de vida tem o poder de reproduzir-se porque traz em si o poder de gestar novas réplicas de si mesma nos meios destinados e apropriados à sua existência.

Uma semente se realiza na planta que gera, que por sua vez gera novas sementes, multiplicando o número de novas sementes, que multiplicarão o número de novas plantas.

Assim também é com os seres humanos, cujos casais geram vários filhos e estes formam novos casais que geram muitos outros filhos.

A função gestadora destaca o princípio do amor, que possui muitas outras funções, às quais comentaremos em um capítulo à parte onde comentaremos os Orixás regidos por ele e pelo Princípio Original do Amor.

3 - Princípio do Conhecimento: Função Memorizadora.

A função memorizadora do Princípio do Conhecimento é original e indissociada de Olorum, que tanto registra tudo em Sua "memória divina" quanto dotou cada uma de Suas criações de uma "memória", inerente a cada espécie, seja ela animada (viva) ou inanimada (energética), função essa exercida pela memória individual que registra na linha do tempo a existência dos seres e de tudo mais criado por Ele, desde seus instantes iniciais até os dias de hoje.

Essa função memorizadora está presente nos seres espirituais como uma de suas faculdades mentais e está presente nas criações inanimadas como a capacidade que possuem de registrar em sua estrutura interna os eventos que acontecem às suas voltas.

A psicometria se serve dessa memória para, nos espíritos, fazer regressões às suas vidas passadas para identificar eventos marcantes que acontecem nelas e que hoje influenciam a vida terrena do ser, que teve sua memória imortal bloqueada, justamente para não afetá-lo.

Orixás Originais: Os Princípios de Olorum e da Criação Divina

Assim como todas as formas de vida, sejam elas racionais ou instintivas, possuem suas memórias imortais, a matéria consolidada em uma forma estável também a possui.

Ela existe em tudo e em todos, registrando em cada criação de Olorum seu instante inicial, assim como todo o trânsito evolucionista já percorrido.

O Princípio Memorizador existente em Olorum tanto registra em si o pensar Dele quanto o de cada uma de Suas criações, assim como está presente em cada coisa gerada, que tanto tem em si o registro de Sua geração em Olorum quanto tudo que já "sentiu, percebeu, registrou e memorizou".

Nossa capacidade de registrarmos os eventos desde seus inícios até seus encerramentos se deve à existência dessa nossa memória imortal, que não esgotará nunca sua capacidade de registrar nossa existência e os eventos ligados a ela segundo a segundo e por toda a eternidade.

A magnitude e a grandeza desse Princípio Memorizador, que em nós se mostra como nossa faculdade que registra tudo o que "vivenciamos e aprendemos", ainda não foi devidamente estudada, aprendida e ensinada aqui no plano material tanto pelas doutrinas religiosas quanto pela filosofia, pois nem tudo que o ser manifesta como "desequilíbrios" se deve a eventos acontecidos na encarnação atual, e sim são registros de eventos muitos marcantes e desequilibradores acontecidos em outras encarnações do ser.

Isso acontece porque, assim como Olorum possui nesse Seu Princípio Sua memória divina, Sua Criação, como um todo, também possui uma memória que registra todos os eventos segundo a segundo, fato esse que cria uma "memória universal", que tanto registra os eventos microcósmicos quanto os macrocósmicos.

O Princípio Memorizador tanto dotou toda a Criação de uma memória coletiva que registra o que está acontecendo no todo quanto em cada uma de suas partes, desde as maiores quanto as menores, sejam elas animadas ou inanimadas.

Em Olorum é o Princípio da Memória, na Criação é seu registro, por meio do qual Olorum tem ciência de tudo que está acontecendo, tanto em nível macro quanto microcósmico. E, em nível espiritual e humano, é nossa capacidade de registrar em nossa memória tudo que já vivenciamos e evoluímos desde nosso instante inicial, quando fomos pensados e criados por Ele, nosso divino criador.

O que denominamos "onisciência" existe porque na "memória divina" de Olorum tanto está registrado o instante inicial de cada uma de

Suas criações quanto está registrado tudo o que cada uma delas fez ou deixou de fazer desde que foi criada.

Essa memória é que faz com que tudo que "vivenciamos" seja do conhecimento Dele. E ela é tão perfeita e tão sensível que registra tudo, desde o que falamos, pensamos e fazemos e até o que apenas sentimos e não exteriorizamos, seja por medo, vergonha ou recato.

O fato é que toda a existência dos seres, assim como de todas as demais criações de Olorum, estão registradas em sua memória divina interna e externa, em toda a Criação e em cada uma das coisas criadas por Ele, que também possuem suas memórias individuais.

Também, o fato de a memória de Olorum, ou interna, quanto a da Criação, ou externa, serem os dois lados de um mesmo mistério e nossa memória estar ligada a ambas registrando nelas tudo que estamos vivenciando, pensando, fazendo, sentindo, etc., fornecendo-lhes ciência de nossos estados a cada fração de segundo!

A função memorizadora destaca o Princípio do Conhecimento, que possui muitas outras funções, às quais comentaremos em um capítulo mais à frente, assim como comentaremos o Orixá Original do Conhecimento.

4 - Princípio da Razão: Função Graduadora.

Essa função tem a finalidade de dotar cada uma das criações de Olorum de seu ponto de equilíbrio, tanto interno quanto externo.

A função graduadora é responsável por estabelecer em cada uma das criações, sejam elas animadas ou inanimadas, uma escala interna que regula suas existências nos meios onde vivem, assim como regula as energias, as forças, os elementos, etc., fornecendo a todo instante o grau necessário a cada coisa criada.

A importância do Princípio da Razão e de sua função graduadora é de tal monta que, no lado interno de Olorum, regula a geração de tudo que Seu pensar cria. E, no Seu lado externo ou mundo manifestado, regula as temperaturas dos corpos, dando a cada um uma escala limitadora, dentro da qual permanece inalterado, mas, se descer ou subir além de seus limites externos começa a se descaracterizar, perdendo suas características originais.

Mas também regula a pressão interna e externa dos corpos.

Regula os magnetismos, tanto em nível macro quanto microcósmico.

Regula as cargas energéticas, estabelecendo para cada criação os limites mínimos e máximos suportáveis.

Regula a abertura das faculdades mentais, assim como a abertura de cada "gene" da herança genética divina existente no mental de cada espírito.

Regula tudo e todos, desde o nosso batimento cardíaco até a taxa máxima e mínima de açúcar, de sal ou de qualquer outra substância em nosso organismo, pois, assim como está na origem graduando tudo que é gerado em Olorum, também está em Sua Criação e em cada coisa criada.

A importância da função graduadora se estende a tudo e a todos na Criação.

O princípio da razão exerce muitas outras funções, as quais comentaremos em capítulo à parte sobre os Orixás regidos diretamente por ele e pelo Orixá Original da Razão.

5 - Princípio da Lei: Função Ordenadora.

Essa função ordenadora tem a finalidade de ordenar tudo e todos, tanto no lado interno quanto no lado externo de Olorum.

Porque ela é uma das funções do Princípio Original da Lei, até o pensar de Olorum segue uma ordem rigorosa e imutável, não se alternando nunca e sempre pensando segundo uma ordem interna reguladora de Seus pensamentos.

Fato esse comprovado em nós, que, num mesmo instante, não conseguimos pensar de forma organizada sobre duas coisas diferentes, exigindo para cada uma um instante só para ela, seja de um milésimo de segundo ou mais tempo.

Podemos pensar sobre muitas coisas, desde que cada uma receba o tempo necessário para ser lembrada e trazida à nossa mente diretamente de nossa memória para nossa faculdade pensante.

Isso, essa impossibilidade de pensarmos duas coisas no mesmo instante, nos faz deduzir que tem a ver com a unidade existente em Olorum e que, no caso do pensamento, obedece à ordem preestabelecida existente em cada pensamento Dele, ordem essa que rege o que foi pensado desde o instante inicial em que passou a existir e acompanha-o por toda a sua existência.

A função ordenadora do Princípio da Ordem é em si o rigor existente tanto em Olorum quanto em sua Criação, que obedece a uma ordem atemporal ou eterna que determina como deve ser a existência e as etapas ou tempo de maturação de cada faculdade mental de um ser espiritual.

Esse rigor determina como deve ser a existência de cada forma de vida criada por Olorum, regrando suas condutas e estabelecendo regras imutáveis e eternas para cada etapa de suas existências.

Refletindo sobre o Princípio da Ordem e sua função ordenadora chegamos à conclusão de que, sem ele, nossas existências seriam caóticas e desregradas, descaracterizando-nos de tal forma que não nos reconheceríamos como uma das espécies, criadas e individualizadas por Olorum como espiritual e humana.

Tudo na Criação se move "passo a passo" ou de instante a instante, sempre segundo uma ordem geral preestabelecida que se aplica tanto ao macro quanto ao microcosmo.

Seguindo o rigor da função ordenadora, tornamo-nos seres de caráter forte, que respeitam seus limites externos e suas limitações pessoais, e quem assim não procede sai dos limites que o mantêm em equilíbrio entre tantas outras criações e formas de vidas, não conseguindo dar sustentação e direcionamento organizado ao seu pensamento e à própria existência.

O Princípio da Ordem exerce muitas outras funções, às quais comentaremos em um capítulo à parte sobre os Orixás regidos por ele e sobre o Orixá Original da Ordem.

6 - Princípio da Evolução: Função Transmutadora.

A função transmutadora exercida pelo Princípio da Evolução é original e a encontramos em Olorum como o próprio ato Dele tornar os Seus pensamentos em Suas criações, pois se o pensamento é abstrato, o ato de dar existência, ou seja, fazer existir o que foi pensado é um ato concreto ou Criador.

Sim, mesmo em Olorum, o pensamento é abstrato, mas o de transmutar o que foi pensado em algo que passa a existir em si e por si é a concretização do pensamento em si mesmo, porque o pensar Dele é criador e gerador.

E, porque o próprio existir de algo ou alguém foi resultante da transmutação de um pensamento de Olorum, cada criação já adquiriu no ato de sua geração nele a capacidade de transmutar a si mesma dentro de certas condições.

As alterações dos "estados originais" das criações, adaptando-as a novos meios, somente é possível porque cada uma delas herdou de Olorum a "Função Transmutadora", capacitando-as a se transmutarem sem se descaracterizarem e perderem suas individualidades e qualidades originais que as distinguem entre tantas outras criações semelhantes, mas não iguais.

A própria Criação como um todo não é estática e a cada instante está se transmutando, fazendo surgir novos corpos celestes, novas formas de vidas, novos estados da energia original emanada por Olorum, ampliando cada vez mais o mundo manifestado, ampliação esta indispensável ao equilíbrio interno e externo Dele, que é em si criador e gerador e que a tudo que cria e gera em si e por si, exterioriza para que, separado dele, possa existir em si e por si como Sua criação!

A transmutabilidade existente em cada criação de Olorum é que lhe permite uma evolução permanente nos muitos planos da vida e nos incontáveis meios neles existentes, com cada um preparado para abrigar determinadas formas de vida, alimentando-as e sustentando-as com a energia original de Olorum, também transmutada e adaptada ao estágio evolutivo dessas mesmas formas de vidas.

A função transmutadora exercida pelo Princípio da Evolução é tão importante que atua até em nosso pensamento, permitindo-nos mudar nosso pensar, nosso estado de consciência e nossa compreensão sobre nós mesmos, sobre a Criação e sobre o divino criador Olorum.

Ou não é isso que esses nossos comentários estão proporcionando ao nosso leitor?

Eles são apenas uma forma diferente de abordar, interpretar e ensinar Olorum, sua Criação e seus Princípios Divinos, que são eternos e imutáveis e podem ser interpretados e ensinados de acordo com os tempos atuais de uma forma diferente que a de alguns milênios atrás, mas sem descaracterizá-los ou diminuir suas divindades e importâncias, sem retirar Dele e de sua Criação suas grandezas divinas.

A função transmutadora do Princípio da Evolução está em Olorum como um de Seus princípios originais e está em tudo e todos criados por Ele como recurso divino, sempre exercido de acordo com as características de cada espécie e sem nunca descaracterizá-las.

O Princípio da Evolução exerce muitas outras funções, as quais comentaremos em outro capítulo, onde comentaremos sobre os Orixás regidos por ele e o Orixá da Evolução.

7 - Princípio da Geração: Função Geradora.

A função geradora destaca-se entre as muitas outras exercidas por esse princípio divino, porque é a partir de suas ações que cada criação de Olorum passa a ter existência.

A função geradora, em Olorum, é exercida por meio de Suas matrizes geradoras, com uma gerando determinada forma de vida e outras gerando outras.

Inclusive, existem matrizes geradoras de energias originais que, emanadas por Olorum, dão início à sua Criação Divina e aos vários planos nela existentes.

O Princípio da Geração é uno e inseparável de Olorum, o único capaz de gerar em si mesmo tudo que Seu pensamento criador elaborar.

E, por ser um Princípio uno em Olorum, ao exercer sua função geradora e dar existência ao que Seu pensar criou, ele também dota cada coisa criada com a função geradora, transmitindo a cada uma delas uma força geradora capaz de, quando exercida, dar origem a novas réplicas, também elas semelhantes, mas não iguais por causa da função individualizadora.

Observando a força criativa existente em cada coisa criada por Olorum, descobrimos que sempre que surgem as condições ideais as duas partes de uma mesma espécie se unem e dão início à geração de uma nova unidade ou réplica da mesma espécie.

Mas, em determinadas espécies, estas se reproduzem a partir de si mesmas, justamente porque trazem em si a função geradora, que somente precisa das condições ideais para dar início à reprodução de si mesmas.

Também podemos observar o processo gerador em ação quando dois ou mais átomos se ligam para gerar moléculas e estas se ligam para gerar as substâncias, com todos eles obedecendo a "modelos de ligação" predeterminados e gerando novas quantidades das mesmas moléculas.

Mas observamos o poder criativo da função geradora em nós mesmos em nível mental, quando nossas faculdades regidas pelo Princípio da Geração nos capacitam a gerar novas "ideias" que, depois de elaboradas e trazidas para o nível concreto da matéria, fazem surgir as invenções e criações humanas.

Se não tivéssemos em nosso mental essa capacidade, nosso meio não seria modificado por nossa "criatividade humana", riquíssima e diversificada.

Essa geratividade existente em cada criação de Olorum, seja ela animada ou inanimada, racional ou instintiva, viva ou apenas energética, é quem faz com que o Universo e tudo que nele existe esteja sempre em expansão e multiplicação.

Ele também faz com que nossa mente seja inesgotável em sua capacidade de pensar novas coisas e nosso íntimo de vibrar novos sentimentos, nossas células se reproduzirem, nossas glândulas se produzirem continuamente, etc.

A geração, como um dos Princípios da Vida, tanto está em Olorum quanto em toda a Sua criação, assim como está em cada coisa criada por Ele.

O Princípio da Geração exerce muitas outras funções, as quais comentaremos em outro capítulo, no qual falaremos sobre os Orixás regidos por ele e sobre o Orixá Original da Geração.

Capítulo 14

O Lado Interno e o Lado Externo de Olorum

Comentar os dois lados de Olorum é complexo e exige redobrada atenção para que o leitor, após a leitura de nossos comentários, tenha um entendimento superior, lógico e racional sobre Ele e Seus mistérios divinos, assim como sobre os sagrados Orixás, que O repetem em seus campos de atuação.

Pois bem! Sabemos que cada um dos princípios criadores e geradores de Olorum são mistérios que tanto O formam quanto, ao serem manifestados por Ele, deram origem ao seu lado externo, dentro do qual está abrigado tudo que Ele criou e gerou de Si.

Assim entendido e sabendo que o lado externo é infinito e imensurável, pois abriga no plano da matéria todo o Universo, deduzimos isto:

O lado externo, que é Olorum manifestado, é infinito em qualquer direção e foi capaz de abrigar todas as Suas criações.

E, porque as criações exteriorizadas são em tal quantidade que o número delas também é infinito, impossível de ser quantificado. Então o seu lado interno também é infinito, porque foi dele que o lado externo recebeu sua infinitude.

A diferença fundamental é esta: o lado externo é infinito para "fora", enquanto o lado interno é infinito para dentro de Olorum.

• O lado externo é a manifestação de Olorum.
• O lado interno é Olorum em si mesmo.

- No lado externo o todo diversifica.
- No lado interno o todo se unifica.
- No lado externo existe a divergência e a individualização.
- No lado interno existe a convergência e a unificação.
- No lado externo o todo se multiplica na individualização de suas partes.
- No lado interno o todo se unifica na integração de suas partes.
- No lado externo o todo é múltiplo e diversificado, gerando a pluralidade.
- No lado interno o todo é uno e coeso, gerando a unidade.
- No lado externo tudo que existe é parte de Olorum.
- No lado de interno tudo que existe faz parte de Olorum.
- O lado externo é infinito para o exterior de Olorum.
- O lado interno é infinito para o interior de Olorum.
- Tanto o lado externo quanto o lado interno são infinitos em si mesmos por causa dos dois lados de Olorum, que é em Si a infinitude e tem nela um dos Seus mistérios e uma de Suas propriedades divinas. Fato esse que também a transmite a cada uma de Suas criações, sejam elas animadas ou inanimadas.

Ou não é um fato que temos à nossa volta, ou em nosso exterior, um universo infinito?

E, porque herdamos dele a propriedade da infinitude, também possuímos em nós mesmos um lado interno que é infinito, mas voltado para nosso interno, nosso interior, nosso íntimo!

Isso, essa propriedade da infinitude existente em Olorum e em cada uma de Suas criações, mais uma vez confirma a presença Dele em nós.

Nosso lado externo está voltado para a Criação e nosso lado interno está voltado para o Criador.

Após essas considerações chegamos à conclusão de que o lado externo de Olorum é temporal, porque é nele que cada criação, ao ser exteriorizada, adquiriu seu instante inicial e passou a existir em si.

Já no lado interno, ele é atemporal, porque dentro dele nada existe por si mesmo, e sim somente existe em Olorum em seu estado potencial, sem ter tido um início, que apenas acontecerá se, e a partir do instante que for exteriorizado por Ele.

Porque assim é com Olorum, assim também é conosco, pois tudo à nossa volta é regido pelo tempo, onde tudo e todos têm um início que os individualizou e podem ser identificados e nomeados.

Mas nosso interior é atemporal porque é nele que reside nossa imortalidade enquanto criação de Olorum, do qual também herdamos essa propriedade, que Nele é um mistério e em nós é uma das propriedades do nosso espírito, sujeito a evoluções ou regressões conscienciais, mas que nunca morre de fato.

Aqui, citamos duas propriedades de Olorum (a infinitude e a imortalidade), que também herdamos Dele, e que nos colocou, a partir de nosso instante inicial, de frente para a Criação ou nosso lado externo e de frente para Ele ou nosso lado interno.

Olorum, por estar em cada criação como suas propriedades intrínsecas, está em tudo e todos existentes em Seu lado externo e, por ter criado tudo e todos em Si e a partir de Si em seu lado interno, somente é sentido e percebido por nós em nosso íntimo, ou seja, em nosso lado interno.

Em nosso lado externo temos a presença Dele nas propriedades intrínsecas de cada uma de suas criações e, em nosso lado interno temos a onipresença Dele como nossa vida, nossa imortalidade, nossa infinitude, etc., como espíritos imortais e eternos em nós mesmos, cientes do que existe à nossa volta e do que vibra em nosso íntimo.

Mas Olorum possui infinitas propriedades, fato esse que mais uma vez O qualifica como infinito em Si mesmo. E outra de Suas propriedades indica que a divergência e a convergência existentes Nele são os dois movimentos de uma mesma função ou mistério que se assemelha à nossa respiração, durante a qual expiramos e inspiramos.

A expiração é a divergência e atua como uma força centrífuga, já a inspiração é a convergência e atua como uma força centrípeta.

A expiração expele o "ar" para fora e a inspiração o puxa para dentro.

Esses dois movimentos também existem em Olorum e podem ser identificados em nós e nas demais criações se as observarmos como um todo, ou seja, em seu lado material ou externo e em seu lado espiritual ou interno.

Em nós, o movimento para fora nos induz a conhecer e colocar sob nosso controle o que está à nossa volta.

Já o movimento para dentro nos direciona para Olorum e nos induz a nos colocarmos sob Suas Leis e Princípios, para Dele recebermos Seu amparo divino e nos manter em equilíbrio.

Já nas criações inanimadas, a matéria propriamente dita, em seus lados externos, algumas emitem radiações e outras não, mas, em seus lados internos, que estão voltados para o plano espiritual, todas elas emitem uma radiação contínua, fato esse que cria ao redor delas um campo áurico energético específico, possível de ser visto e descrito por pessoas possuidoras de uma clarividência apurada.

Mas, assim como absorvemos energias etéreas e as emitimos, devolvendo-as ao plano espiritual, cada criação materializada possui uma propriedade desconhecida aqui no plano material, e que é esta:

A mesma quantidade de energia etérea emitida para fora, para o lado espiritual da Criação, é emitida para o lado de dentro dela, realimentando-a nesse seu movimento "para dentro".

Assim como a energia viva e divina emanada por Olorum, no movimento de expiração, foi energizando os planos da vida até que ela chegasse ao plano da matéria, materializando-se e dando existência concreta e palpável às Suas criações, no movimento de inspiração toda a energia emitida passa a ser recolhida, percorrendo um "caminho" oposto, que é para o interior da Criação.

Concluímos que a "respiração" é mais uma propriedade de Olorum, que em Suas expirações exterioriza Sua energia viva e divina e em Suas inspirações a internaliza.

Mais uma vez, não como forma ou individualização, e sim como princípios, propriedades e qualidades, confirmamos a presença e a onipresença de Olorum em sua Criação e em cada uma de Suas infinitas criações.

Por ser assim com Olorum e com a Criação em todos os seus planos e níveis vibratórios, então é uma de Suas leis, que, por serem leis divinas, se realizam automaticamente e é dessa propriedade Dele que provém a "Lei do Retorno", que é infalível e determina que tudo que for desencadeado por alguém voltará para seu desencadeador.

Ou seja: Tudo que gerarmos e irradiarmos para nosso exterior, mais adiante retornará para nós.

Essa propriedade que herdamos de nosso Divino Criador Olorum, em sua criação é Lei que se aplica automaticamente. E, porque é assim, então temos nela uma das Leis da Umbanda, que determina que seus seguidores somente pratiquem e semeiam o bem.

Sim! Quem só faz o bem, no retorno somente o bem receberá de volta, beneficiando-se de suas próprias ações.

E quem faz o mal, no retorno apenas o mal receberá de volta, prejudicando-se com suas próprias ações.

Isso é lei na Umbanda e tem sido ensinado desde seu início no plano material pela espiritualidade.

Quem obedeceu a essa Lei e somente fez o bem com seus dons mediúnicos, apenas o bem tem recebido ou receberá de volta.

Essa lei, além de ser universal e aplicada a todos, também possui regras rígidas e imutáveis. Vamos a algumas dessas regras:

• Quem usa seus dons mediúnicos para auxiliar o próximo, pelo próximo será auxiliado no retorno de suas ações;

• Quem usa de seus dons mediúnicos para explorar o próximo, pelo próximo será explorado no retorno;

• Quem cobra para ajudar o próximo, pelo próximo será cobrado no retorno;

• Quem usa seus dons mediúnicos para enriquecer, por seus dons será empobrecido no retorno de suas ações;

• Quem usa seus dons mediúnicos para viver à custa do sofrimento do próximo, sofrimento receberá como paga no retorno de suas ações;

• Quem usa seus dons mediúnicos para obter ganhos à custa da desgraça alheia, no retorno desgraças receberá.

• Quem...

Pois é! Essa lei divina está na Umbanda como uma de suas leis fundamentais e por segui-la ao pé da letra é que seus fundadores e iniciadores no plano material ensinaram e determinaram que:

• Umbanda é a pratica da caridade!
• Umbanda é a Lei de Olorum, manifestada por Oxalá.

Existem muitas outras regras nessa Lei, fundamental para o equilíbrio da Criação e dos seres que nela vivem e evoluem.

E, por ser uma Lei Universal, ela se aplica a tudo e a todos em todos os sete sentidos da vida.

O que Olorum aplica a Si mesmo, aplica em Sua Criação!

O que em Olorum é um de Seus princípios divinos, automaticamente se torna propriedade em cada uma de suas criações, sejam elas animadas ou inanimadas.

Justamente pela confirmação dessa Lei chegamos à conclusão de que, se o exterior ou o lado de fora de Olorum é infinito, assim também o é Seu interior ou Seu lado de dentro.

E até podemos afirmar que, tão grande quanto a Criação, somente o é o Divino Criador Olorum!

Capítulo 15

Olorum, a Unidade e o Todo

Antes de haver qualquer coisa fora de Olorum, somente havia Ele e nada e ninguém mais além Dele.

Tudo e todos estavam contidos Nele como Suas partes internas e apenas existiam Nele no "estado potencial", sem existência ou individualidade própria.

Olorum era um todo em Si mesmo e nada mais existia além ou fora Dele.

Observando o Universo e, ainda que não saibamos quando ou como foi seu início, no entanto concluímos que ele teve seu instante inicial, ou seja, ele começou a existir como o estado material da Criação de Olorum, não como algo em si, mas sim como desdobramento de estados anteriores e invisíveis à visão humana, mas que existem de fato e que, a partir do plano espiritual, podem ser comprovados.

Espíritos altamente evoluídos já fizeram isso há muito tempo e todos os estados anteriores já foram identificados e nomeados como Planos Mentais de Olorum.

E, tomando os espíritos como ponto de partida, chegou-se a essa conclusão: **Um espírito, antes de criar uma coisa nova, primeiro pensa sobre ela e sobre como deve ser, como deve proceder e para que ela servirá, pois deverá ter uma finalidade.**

Esse é o plano mental das ideias, que não ocupa um espaço porque elas são abstratas e podem ir mudando segundo as necessidades de elaboração final da coisa a ser feita e que se tornará algo em si mesma após ser feita.

Nós possuímos esse plano mental das ideias, que é onde nossas idealizações somente existem no estado abstrato.

E, após algo ou alguma coisa ser idealizada e elaborada como algo em si mesma, podemos optar por fazê-la ou não e mesmo guardá-la no plano das intenções, de onde poderá evoluir para uma nova criação ou ser substituída por outra, idealizada posteriormente.

As ideias já elaboradas, mas ainda não realizadas, ficam armazenadas no Plano das Intenções, que poderão ser realizadas ou dissipadas, dando lugar e importância a novas ideias.

Então temos o segundo Estado Mental que é o das Intenções, onde tudo já foi pensado, mas que somente existe no estado potencial, que também é abstrato porque ainda não existe por si mesmo e depende da vontade de seu idealizador para começar a ser feito e adquirir existência.

O Estado Mental das Intenções, por ser abstrato, também não ocupa um espaço e pode abrigar incontáveis ideias, cada uma com seu potencial, mas ainda abstratas ou sem existirem fora do Plano das Intenções, para realizá-las posteriormente.

Uma observação importante:

O plano mental das ideias é individual e é algo fechado em si mesmo.

Já o plano mental das intenções não é algo fechado em si mesmo e tanto existe dentro do mental dos espíritos quanto existe no lado de fora dele, como um campo que interage com um campo universal ou coletivo que registra cada idealização final e a classifica como uma intenção, uma ideia a ser realizada, mas ainda sem existência própria, e sim apenas existe no estado abstrato das intenções ainda não executadas.

Por assim ser com os espíritos e porque assim deve ser com Olorum, deduziu-se que Nele existe um Plano das Ideais, que é interno e fechado em si mesmo, que é onde Ele pensa e idealiza Suas criações.

E, por dedução, conclui-se que Nele também existe o Estado das intenções, onde suas idealizações são armazenadas para, posteriormente, serem geradas e passarem a existir.

Também, por analogia, deduziu-se que, tal como em nós, em Olorum existe um campo interno e outro externo abrigador de Suas idealizações a ser geradas em suas Matrizes geradoras e exteriorizadas do que Ele pensou.

Então, até aqui, por comparação analógica, temos isto:

1º **Estado abstrato:** O das ideias, interno em Olorum;

2º **Estado abstrato:** O das intenções, tanto interno quanto externo a Olorum, e que não ocupa um espaço porque é abstrato e não existe por si mesmo, e sim apenas no Estado Potencial, existentes nas ideias ainda não realizadas.

Então, até aqui temos um estado interno e outro, que tanto é interno quanto externo, mas dentro dos quais nada além de ideias e intenções são abrigadas, e que não ocupam espaço porque são abstratas e ainda não existem senão como ideias e intenções.

Esse Plano das Intenções é um mistério em si mesmo e é de uma magnitude inimaginável por nós, porque ele tanto existe no lado interno quanto no lado externo de Olorum.

Nele são registradas todas as nossas intenções, que tanto estão registradas no campo externo de Olorum quanto no campo interno Dele.

O campo externo é coletivo e, se inicialmente apenas registrava as intenções de Olorum, posteriormente passou a registrar a de cada "forma de vida" criada e exteriorizada por Ele, que também fica sabendo das intenções de cada um de nós assim que nossas idealizações assumem suas formas finais, ou seja, são elaboradas e concluídas.

Por ser um mistério interno e externo de Olorum, ainda que abstrato e não ocupando espaço, tanto em Seu exterior quanto em Seu interior, cada intenção nossa, venham elas a ser realizadas ou não, assim que são registradas no plano externo, também são registradas no plano interno Dele, que imediatamente fica sabendo delas e reage de acordo com suas finalidades.

Se as finalidades estão de acordo com os princípios da vida e de acordo com as Leis divinas mantenedoras da estabilidade da Criação e do equilíbrio entre as criações exteriorizadas por Olorum, elas são classificadas como benéficas e positivas e são estimuladas por mecanismos mentais sutis, que induzem seus idealizadores a dar existência a elas, concretizando-as como "auxílios externos" na manutenção do equilíbrio e da estabilidade da Criação.

Mas, se as finalidades estão em desacordo com os Princípios da Vida e em desacordo com as Leis divinas mantenedoras da estabilidade da Criação e do equilíbrio entre as formas de vidas exteriorizadas por Olorum, elas são classificadas como maléficas e negativas e são desestimuladas, também por mecanismos sutis existentes em nossos mentais, que induzem seus idealizadores a não realizá-las e não concretizá-las.

Se concretizarem suas ideias, provocarão desestabilidade e desequilíbrios, e despertarão reações para anular suas idealizações em desacordo com os Princípios da vida e com as Leis divinas reguladoras da Criação.

Esse registro simultâneo de nossas intenções nos planos interno e externo de Olorum faz com que Ele tenha conhecimento de tudo que está vibrando em nosso íntimo e em nossa mente. Fato este que nos mostra como estamos ligados a Ele que, mesmo com nosso desconhecimento, está atento e atua em nosso benefício, estimulando em nós o que é benéfico e desestimulando o que é maléfico.

Mas, devido à imensa quantidade de estímulos que nos chegam a todo instante, acabamos não percebendo os que provêm direto Dele, nosso Divino Criador.

E acabamos dando "ouvidos" ou atenção aos estímulos menos recomendáveis.

Saibam que nossas ideias, nossas intenções, nossas realizações, nossos sentimentos, nossa alegria ou tristeza, etc., são registrados em algum dos planos da Criação e em Olorum.

Nada, absolutamente nada deixa de ser registrado em Olorum, seja por meio do Plano das Intenções ou de outros planos, formando o que é denominado "onisciência divina".

Pois bem! Depois dos dois primeiros Estados da Criação, vem seu Terceiro Estado, que é o criacionista, no qual tudo que foi idealizado e elaborado por Olorum começa a adquirir existência dentro de Suas matrizes geradoras, ainda no lado interno Dele.

No Estado Criacionista de Olorum, cada pensamento criador Dele começa a ser gestado para posterior exteriorização, fazendo surgir em seu exterior o "Plano da Natividade", onde cada coisa pensada é dada à vida em seu primeiro plano externo, denominado "Plano Fatoral", no qual cada uma adquire existência própria, individualiza-se e inicia sua evolução no exterior Dele.

É no "Plano da Natividade" que tudo começa a existir por si mesmo e passa a fazer parte da Criação.

Então até aqui temos esses estados:

1º Estado: Das ideias ou plano mental interno, existente tanto em Olorum quanto em nós.

2º Estado: Das intenções ou plano mental das intenções ou idealizações, existente tanto em Olorum quanto em nós.

3º Estado: Criacionista ou plano da geração, existente em Olorum e em nós.

4º Estado: Da natividade, onde tudo e todos são exteriorizados, individualizados, e passam a ter existência própria, a viver em si e por si mesmo.

Até aqui identificamos esses estados em Olorum, em Sua criação e em nós:

1º Estado > Idealização
2º Estado > Intenção
3º Estado > Criacionismo
4º Estado > Natividade

Existem outros estados posteriores, mas nos limitamos aqui a comentar esses quatro, que dão origem à Criação, estão nela, estão em nós e, por dedução, concluímos que estão em Olorum.

Pois bem! A partir do entendimento sobre esses quatro estados existentes em Olorum, podemos formatar o "modelo-padrão" sobre Olorum e a Criação.

Vamos a ele no próximo capítulo!

Capítulo 16

O Início da Criação

Olorum existe em Si mesmo e independe de qualquer coisa para ser o que é: o Divino Criador!

Não podemos idealizá-Lo senão como o Divino Criador, que, de Si, deu origem a todos os planos da vida e de tudo e todos dentro deles, inclusive esse plano material.

Não podemos compartilhar do raciocínio que faz este questionamento: se Olorum criou o Universo e tudo mais, quem O criou?

Esse questionamento é "ateísta" e materialista, porque parte do pressuposto de que algo ou alguém tenha de ter dado origem e existência a Ele, para que posteriormente Ele começasse a criar de Si.

Nossa mente é racionalista e procura descobrir a origem das coisas, e é difícil para muitos aceitarem que o Divino Criador Olorum é a origem de tudo e de todos.

Inclusive, por sermos temporais, temos dificuldade em compreender o que sempre existiu, porque é atemporal e não possui um instante inicial para identificar seu início.

Olorum não teve um início, e sim é em si o iniciador. Não teve uma origem, e sim é o originador. Não tem uma existência, e sim é o existir. Não tem uma vida apenas para si, e sim é a própria vida.

Olorum não foi pensado, mas sim é em si o pensamento e o pensar criador.

Infelizmente, esse questionamento ateísta e materialista se deve à afirmação bíblica de que o homem foi criado à "imagem e semelhança de Deus", fato esse que é discutível, mas que tem dado argumentos aos ateístas, que negam a existência Dele, justamente a partir dessa afirmação bíblica, porque ela implica uma temporalidade e uma individualização de Olorum.

Ora, se isso vem sendo ensinado há milênios, as pessoas que ouviram essa afirmação inconscientemente passaram a desenvolver uma idealização humana para Deus, diminuindo Sua grandeza divina e imensurável, dando-Lhe uma grandeza humana e mensurável.

Esse fato O limitou na mente das pessoas, porque estas, também de forma inconsciente, deram-Lhe uma forma e uma conduta humana.

A compreensão sobre Deus, para muitas pessoas, é humana e frágil, não resistindo a certos questionamentos ateístas ou materialistas.

Ensinar sobre Deus a partir dos seres humanos é errado, e ensinar que fomos criados "à imagem e semelhança Dele" é erradíssimo, pois esses mesmos religiosos também ensinam que Ele criou tudo e todos.

Ora, se fomos criados "à sua imagem e semelhança", e por isso somos dessa forma, então o que dizer das demais formas de vidas que também o foram, mas não foram privilegiadas com a afirmação acima?

É isso?

É um absurdo ensinar Deus a partir do ser humano!

Deus deve ser ensinado como realmente é, ou seja, como temos feito em nossos comentários, devolvendo-Lhe sua grandeza divina, subtraindo Dele as limitações humanas que Lhe foram impostas por seus antigos idealizadores.

Aqui, estamos interpretando-O de uma forma diferente, porque procuramos identificá-Lo a partir de Sua presença em cada uma de Suas criações, sejam elas animadas por espíritos, por formas diferentes da vida ou inanimadas.

Pela observação apurada de Sua presença, por meio de Seus princípios divinos, Ele vai sendo identificado onde quer que O procuremos.

Como exemplo, citamos a Lei da Gravidade, descoberta por Newton, mas criada por Olorum!

Celebram a Lei da gravidade e seu descobridor, mas não dedicam a Olorum, o Criador dela, o mesmo respeito ou admiração.

Se observarem bem, todas as Leis da Natureza que regem nosso Planeta e todas as criações que aqui existem, sejam elas animadas ou inanimadas, assim como todas as Leis Cosmológicas que regulam o Universo, todas, sem exceção, foram criadas por Olorum, restando apenas aos seres humanos a descoberta delas e nada mais.

Elas sempre existiram, existem e existirão, independentemente da vontade ou do conhecimento humano.

Mas é raro se ver a dedicação de uma homenagem ao criador de todas elas, que é Olorum!

De um lado vemos a ciência "endeusando" homens e, de outro, as religiões "humanizando" Deus.

Pois bem! Prossigamos!

O fato é que Olorum tanto é infinito para dentro quanto para fora de Si mesmo.

Mas, se existir um verdadeiro início para a Criação, então temos de aceitar que Olorum é um todo completo em si mesmo, ainda que possua incontáveis Princípios criadores e geradores, com cada um deles animado por Sua divindade, que é única, mas que anima cada um deles de forma diferente, tal como a respiração anima as muitas formas de vida criadas por Ele.

Se não, então vejamos!

Os seres humanos têm uma forma de respiração; as plantas têm outra; os peixes têm outra; os insetos têm outra; os microrganismos têm outra; seja para consumirem o oxigênio, ou gás carbônico ou algum outro gás, também todos eles criados por Olorum.

O ato da respiração é comum a todas as espécies animadas, mas a forma de ela ser em cada uma assume particularidades inerentes à sua "forma de vida".

Então, temos o princípio da respiração (inspiração e expiração) e temos as formas como ela se mostra em cada "forma de vida", assim como temos a divindade de Olorum, que também é única, mas que assume a forma do Princípio que anima e o torna um Princípio Divino em si mesmo, ainda que seja animado pela divindade Dele.

Essa forma como Olorum se mostra é que faz com que sua divindade, manifestada em Sua Criação, fez surgir muitas "Divindades", diferentes apenas nas formas como são identificadas, porque todas são "animadas" por uma divindade única, que é a Dele!

Não importa como foi interpretada e idealizada uma Divindade manifestada por Ele, e sim importa saber que é "animada" pela divindade que Nele O torna divino.

Tal como nós, os seres humanos, somos animados pelo Princípio Espiritual, que faz com que sejamos vistos e entendidos como seres espirituais, as Divindades de Olorum são vistas e entendidas como divinas porque são animadas pelo Princípio Divino, que em Olorum é Seu estado e Seu existir, que são divinos e originais, inerentes a Ele.

Em Olorum, a condição ou estado divino é Sua qualidade e propriedade original.

O Início da Criação

Em suas Divindades exteriorizadas, a condição ou estado divino é sua qualificação e sua identificação como poderes ativos e atuantes manifestados por Ele para darem origem externa e diversificadora a tudo que, no lado interno, é inseparável e unificado.

Também podemos definir essa questão desta forma:

Em Olorum, os Princípios são divinos porque são em si os poderes criadores e geradores Dele. Já as Divindades exteriorizadas por Ele no lado externo da Criação são as manifestadoras dos poderes Dele e são as aplicadoras de seus princípios, tanto na própria Criação quanto na existência de tudo que Ele gerou em Si e, de Si, exteriorizou e lhes deu existência e individualização, separando umas das outras.

Essa mesma existência e individualização aplicada a todas as criações exteriorizadas por Olorum se mostra em suas divindades, exteriorizadas diretamente por Ele, pois cada uma delas possui uma existência própria e cada uma possui poderes universais e poderes específicos, somente existentes nos Princípios criadores e geradores Dele.

Esse fato as dotou da condição de originarem de si mesmas seres divinos manifestadores de poderes específicos e relacionados aos Princípios originais Dele.

Isso só é possível porque Olorum tanto exteriorizou em cada uma de Suas divindades originais Seu poder Criador quanto Seu poder Gerador, por meio dos quais Ele pode "Criar e Gerar" em seu lado externo do mesmo modo que "Cria e Gera" em Seu lado interno.

Essa constatação da atuação e da operacionalidade de Olorum em Sua Criação nos explica a existência de um Plano Divino no "lado de fora" Dele, "povoado" unicamente por seres de "natureza divina", diferentes de nós, que somos seres de "natureza espiritual".

Para que se entenda melhor o que comentamos antes, entendam desta forma:

As divindades originais manifestadas por Olorum, na verdade, são Ele manifestado em Seu "lado externo", denominado "Sua Criação".

Já os seres de natureza divina, criados e gerados em Seu lado interno, mas exteriorizados por meio de Suas divindades originais, que são em si Ele manifestado, esses seres divinos, após terem sido exteriorizados por Ele, se tornaram Seus manifestadores divinos e aplicadores de Seus poderes na Criação e sobre tudo e todos que a formam ou nela adquiriram existências próprias, porque foram individualizados em unidades de uma mesma espécie.

Na verdade, antes de dar início à criação como algo em si e com finalidades bem definidas, Olorum exteriorizou Seu estado interno, que é divino e regido pelo princípio da unidade, inerente a Ele como uma de suas propriedades.

E essa exteriorização deu origem a um plano divino externo de Olorum, por meio do qual Ele opera e atua sobre Sua Criação exterior, surgida somente após Ele ter gerado de Si um Plano Divino Externo, para nele abrigar Suas manifestações diretas e indiretas.

As manifestações diretas são realizadas por meio das divindades originais exteriorizadas por Ele.

As manifestações indiretas são realizadas por meio dos seres divinos ou de naturezas divinas criados e gerados por Ele no Seu lado interno e exteriorizados em seu plano divino por meio das Suas Divindades Originais, que são em si Ele manifestado.

Assim, entendemos que cada Divindade Original é Olorum manifestado e é um mistério Dele em si mesmo. Também é um Princípio Original Dele que se aplica a tudo e todos existentes dentro da Criação.

Já os seres de naturezas divinas, também gerados em Olorum, estes se diferenciam de Suas Divindades Originais porque, ainda que sejam divinos, no entanto são apenas portadores e aplicadores dos poderes divinos na vida dos seres que vivem e evoluem no lado externo Dele!

E, porque eles são exteriorizados por meio de Suas Divindades, são regidos pelos Princípios Divinos que as animam e as tornam Divindades de Olorum!

Observação: Esses comentários são complexos e, assim como exigem atenção máxima de nós ao serem transmitidos ao plano material, também exigem atenção redobrada de seus leitores, porque leituras superficiais ou desatentas não os levarão ao âmago deles, que é a diferenciação, a diversificação, a individualização e a generalização (divisão por gêneros) do que, em Olorum, é uno e indivisível, que é justamente sua unidade e sua divindade.

Pois bem! Já sabendo que em Olorum a unidade e a divindade são propriedades divinas que O tornam único, divino e indivisível, mas também sabendo que Ele manifestou Seu lado interno e fez surgir um Plano Divino, que deu origem ao Seu lado externo e que Ele manifestou a si mesmo nesse Seu Plano Divino e fez surgir Suas Divindades Originais e estas deram origem aos Seres de Natureza Divina, sendo que elas são as manifestadoras Dele, e que os seres divinos são os portadores e os aplicadores diretos dos poderes Dele nos meios e na vida dos seres, que vivem e evoluem na Criação, aí fica mais fácil de se compreender o ato inicial que deu origem à Criação ou mundo manifestado!

Capítulo 17

Plano Divino, o Início da Criação

Quando Olorum "pensou" a criação do mundo manifestado e concluiu Seu pensamento, que pensa tudo como um todo em si mesmo, mas contendo dentro de si todas as partes que o tornam um todo em si mesmo, coeso, completo e indivisível, também pensou a Si mesmo e em como exteriorizar-Se.

E pensou um plano divino que O abrigasse e a todos os Seus Princípios, assim como à Sua Divindade que os anima.

Após pensar em como exteriorizar a Si mesmo e idealizar o Plano Divino da Criação, que é a exteriorização de Seu estado interno, que é divino em si mesmo, Olorum potencializou esse Seu pensamento criador-gerador e fez surgir o plano divino que abrigaria a Si mesmo, mas não como uma unidade divina, una e indivisível, e sim como um plano que abrigasse a divindade animadora de seus princípios.

E Olorum fez surgir de si e em Si o Plano Divino da Criação.

E nele Se manifestou e fez surgirem as Suas sete Divindades Originais, nomeadas aqui como Divindade Original da Fé, do Amor, do Conhecimento, da Justiça, da Lei, da Evolução e da Geração.

E, a partir dessas sete divindades originais, que são em si os princípios originais, unos e indivisíveis nele, também fez surgir os Seres de Natureza Divina, que são os portadores individualizados das propriedades internas de cada um dos Princípios Originais.

Fez surgir um plano divino, único e inseparável de Si, mas "povoado" por tantos Seres de Natureza Divina, que é impossível quantificá-los ou identificar a todos.

Esses Seres Divinos são Divindades individualizadas a partir da Divindade Original de Olorum, que tanto anima seus Princípios Divinos quanto as propriedades internas de cada um deles.

Fato esse que tanto dá a qualidade de Divino aos Princípios quanto às suas propriedades internas e torna seus portadores aplicadores delas, qualificando-os como divindades individualizadas.

A grandiosidade interna de Olorum é infinita e indescritível, não porque tenhamos acesso a Ele ou capacidade de descrevê-Lo, e sim porque isso é comprovado pela observação apurada do Plano Divino da Criação, todo ele ocupado por seres de natureza divina e, por isso, descritos como seres divinos que são em si a exteriorização por Olorum das propriedades internas e divinas de seus Princípios Divinos Originais, das quais eles são seus manifestadores originais, ou seja, os primeiros a manifestá-los no exterior Dele.

No Plano Divino da Criação estão localizadas e assentadas todas as divindades manifestadas e as exteriorizadas por Olorum.

Nesse Plano eles estão individualizados por classes, tais como:

Classe dos seres divinos regidos pelo Princípio do Amor, aplicadores de seus poderes e manifestadores de suas propriedades internas.

Se um ser de natureza divina é o manifestador de uma propriedade divina de um Princípio Original e é seu aplicador na vida de tudo e de todos na Criação de Olorum, então é quem manifesta no exterior Dele um de Seus poderes, originalmente pertencente a um de Seus Princípios.

Observação: Alertamos o leitor a ler e reler nossos comentários anteriores e entender realmente o que estamos comentando, porque os entendendo aqui entenderão a existência de incontáveis seres de natureza divina, que também são divindades de Olorum, mas individualizadas e que, no nível "terra", são descritos como "Orixás da natureza".

O que está presente no início da Criação e em seu Plano Divino, que é Olorum manifestando a Si mesmo, está em todos os outros Planos posteriores, mas sempre assentados e atuando neles a partir do Lado Divino deles, que também os possuem!

Esse nosso Planeta possui vários lados ou planos e um deles é seu Lado ou Plano Divino, onde estão assentados os seres de natureza divina que o regem, porque foi a partir deles que Olorum deu início à sua formação.

A formação dele obedeceu à cadência imposta por seus princípios a cada criação, seja ela interna ou externa a ele.

E o planeta Terra é uma criação externa de Olorum, que seguiu uma cadência original e imutável, aplicada tanto ao que Ele gera em si quanto de si, ou seja, em seu interior ou seu exterior.

Pois bem! Retomando nosso comentário sobre a manifestação original de Olorum que deu origem ao Plano Divino da Criação, eis que, a partir dele, teve início a criação do "mundo manifestado".

A intenção ou idealização final de Olorum havia separado Seus princípios originais e suas propriedades internas de Suas criações geradas neles e qualificadas por eles, separando o que é divino e original do que é originado a partir de cada um deles.

Por exemplo:

O Princípio da Lei é animado pelo poder divino de Olorum que o gerou. Logo, é a partir do Princípio da Lei que Olorum ordenou a si mesmo e a tudo que criou e gerou em Si ou de Si, inclusive a esse Seu Princípio Ordenador.

Esse princípio, quando foi manifestado por Ele em Seu lado externo, também foi manifestado à divindade que o anima no lado interno Dele.

No lado interno é a divindade de Olorum que anima um de seus Princípios, e no lado externo é a Divindade de Olorum que o manifesta na vida e na existência de tudo e todos exteriorizados na Criação por Ele, o Divino Criador!

Partindo desse entendimento, a Divindade que anima o Princípio da Lei está em seu estado potencial. E a Divindade manifestadora externa dele é sua potência manifestada, tornando-se em si mesma a potência divina manifestada, que traz em si o poder de ordenar a tudo e a todos exteriorizados por Ele, inclusive aos outros Princípios, também manifestados por meio das Divindades que os animam no lado interno Dele, onde existem como seus potenciais criadores e geradores.

No lado interno de Olorum, cada princípio é animado pela potência divina de Olorum e em seu lado externo as divindades que os manifestam são sua potências ou seus mistérios manifestados.

Pois bem, até aqui vimos que Olorum, antes de dar início à sua Criação, exteriorizou a Si mesmo e deu origem ao Seu Plano Divino, dentro do qual abrigou "Suas Divindades", manifestadoras de seus poderes e aplicadoras de Seus Princípios, sendo que esse plano divino é uma réplica do que existe em seu interior, mas já manifestado.

Ou seja: em Si Olorum é único, mas no plano divino Ele Se encontra manifestado na forma de Divindades, por meio das quais Ele deu início à Criação.

Com Olorum tendo exteriorizado a Si mesmo em seu plano divino da Criação, também passou a ter uma base divina para dar início e sustentação à Criação propriamente dita.

E foi a partir desse plano ou lado divino da Criação que o mundo manifestado teve início, pois uma base divina lhe daria sustentação dali em diante tal como os alicerces sustentam uma construção.

A partir de seu lado divino externo, Olorum deu início ao desdobramento de suas intenções divinas e começou a gerar os estados ideais para, dentro deles, exteriorizar e dar existência e individualidade a todas as Suas criações, que em Seu interior existiam no estado potencial.

O primeiro "Estado da Criação" a ser criado por Ele foi um plano que nada continha dentro de si, mas que, por ser em si um mistério pensado e gerado por Ele, era um mistério em si mesmo com o potencial de abrigar em seu interior todos os outros Estados posteriores que abrigariam Suas criações.

E, de Olorum, surgiu pelo Seu pensar divino o Estado do Vazio Absoluto, que nada continha em si, mas que possuía o potencial de abrigar em seu interior todos os Estados posteriores da Criação.

Estado do Vazio Absoluto é como ele foi denominado.

A seguir Olorum pensou o segundo Estado da Criação, e seu pensar criou o Estado do Espaço infinito e o gerou dentro do Estado do Vazio Absoluto.

E surgiu o segundo Estado da Criação, denominado Estado do Espaço Infinito, dentro do qual cada uma de Suas criações poderia ser exteriorizada, que imediatamente adquiririam a propriedade divina dele e teriam um espaço próprio para ser individualizadas e adquirirem existências próprias.

- 1º **Estado, do vazio absoluto.**
- 2º **Estado, do espaço infinito.**

A seguir, o pensar de Olorum criou e gerou o terceiro Estado da Criação, que é o da Temporalidade, Estado esse que tem a propriedade de estabelecer a noção de tempo e dar um instante inicial para cada criação que for exteriorizada por Ele.

A seguir, o pensar de Olorum pensou e criou o Estado Energético da Criação, Estado esse que inundou o espaço de energia, até então vazio.

A seguir, o pensar de Olorum pensou e criou o Estado Graduador da Criação, estado esse cuja propriedade tanto graduou o espaço infinito, dividindo-o em sete planos externos da Criação, como graduou a energia então exteriorizada, que era indistinta e inidentificável.

A seguir, o pensar de Olorum pensou e criou o Estado Vibracional dentro do espaço infinito, e sua propriedade vibradora o preencheu de vibrações, tornando-o um espaço dotado de vibrações, porque em cada plano a propriedade graduadora graduou as vibrações emitidas pela propriedade vibradora, assim estabelecendo dentro de cada plano a existência de faixas vibratórias. E o mesmo fez com as energias já distintas, estabelecendo para cada uma um grau ou frequência vibratória específica.

A seguir, o pensar de Olorum pensou e criou o Estado da Ordem, cuja propriedade ordenadora ordenou o espaço infinito, a temporalidade, os sete planos da vida, as energias de cada um deles, ainda fluindo de forma aleatória ou desordenada e ordenou as vibrações.

A seguir, o pensar de Olorum pensou e criou o Estado das Direções, cuja propriedade direcionadora imantou o espaço infinito, o tempo, a graduação, a energização e a ordenação.

A seguir, o pensar de Olorum pensou e criou o Estado Concebedor da Criação, estado esse cuja propriedade concebedora imantou os outros estados, dotando-os de, em si mesmos, se reproduzirem segundo as necessidades de Olorum para com Suas criações a ser exteriorizadas.

A seguir, o pensar de Olorum pensou e criou o Estado Expansor da Criação, estado esse cuja propriedade expansora dotou todos os outros estados da capacidade de se expandirem ao infinito sem alterarem suas propriedades originais.

A seguir, o pensar de Olorum pensou e criou o Estado Geracionista da Criação, estado esse cuja propriedade geradora imantou todos os outros estados, dotando-os do poder gerador.

A seguir, o pensar de Olorum pensou e criou o Estado Amadurecedor da Criação, estado esse cuja propriedade amadurecedora imantou todos os outros estados e os dotou do poder de amadurecer as criações de Olorum.

A seguir, o pensar de Olorum pensou e criou o Estado Evolucionador da Criação, estado esse cuja propriedade evolucionadora imantou os outros estados e os dotou da capacidade de fazerem evoluir as criações de Olorum.

A seguir, o pensar de Olorum pensou e criou o Estado Estabilizador da Criação, estado esse cuja propriedade estabilizadora imantou todos os outros estados e os dotou com a capacidade de estabilizarem a si e às criações de Olorum.

A seguir, o pensar de Olorum pensou e criou o Estado Ritmador da Criação, estado esse cuja propriedade ritmadora imantou todos os outros estados e dotou cada um deles de um ritmo específico.

A seguir, o pensar de Olorum pensou e criou o Estado Renovador da Criação, estado esse cuja propriedade renovadora imantou todos os outros estados e dotou-os com a capacidade de renovarem a si e às criações de Olorum.

A seguir, o pensar de Olorum pensou e criou o Estado Equilibrador da Criação, estado esse cuja propriedade equilibradora imantou os outros estados e os dotou de um ponto de equilíbrio específico para cada um.

E muitos outros Estados Olorum pensou e criou para sua Criação, dotando-a de propriedades denominadas fundamentais para que ela pudesse abrigar Suas infinitas criações.

Se o leitor refletir, encontrará essas mesmas propriedades de Olorum em si mesmo, tanto em seu corpo biológico quanto no seu espírito, e confirmará que Ele, por meio de Seus princípios e Suas propriedades, tanto está presente na Criação quanto em tudo que nela existe, tornando-a o meio adequado para as muitas formas de vida, assim como Ele está nelas, sempre por meio de suas propriedades divinas.

Capítulo 18

Os Orixás e a Criação Divina

Comentar sobre os sagrados Orixás nunca é demais, até porque são mistérios divinos em si mesmos, inesgotáveis em revelações sobre seus campos de ação e atuação e funções divinas, as quais exercem o tempo todo na Criação.

Quando pensamos que já não há mais nada a dizer ou escrever sobre eles, eis que algum espírito mensageiro nos revela novas coisas sobre eles que abrem novos campos de estudo e novo entendimento sobre tão surpreendentes Divindades mistérios.

E foi isso que aconteceu há cerca de 17 anos, em 1996, quando psicografei o livro *Gênese Divina de Umbanda*, publicado em 1999 e que não deixou de ser reeditado desde então porque nos trouxe a abertura de vários mistérios dos Orixás, que vêm servindo de estudo e compreensão deles sob uma nova visão interpretativa.

Essas revelações abriram vastos campos de estudos e entendimentos sobre eles e até hoje não esgotamos o que nos foi revelado e aberto por Pai Benedito de Aruanda, um espírito mensageiro de novos conhecimentos sobre nossos amados Orixás.

Na *Gênese Divina de Umbanda*, Pai Benedito de Aruanda descreveu detalhadamente sobre os Orixás, os fatores divinos, os sete planos da vida, as sete irradiações divinas, as vibrações dos sagrados Orixás, seus magnetismos, suas posições nas sete linhas de Umbanda, os sete sentidos da vida e as funções dos Orixás, dando ao termo "ancestral" uma definição ímpar, porque nos revelou como um Orixá se "torna" nosso pai ou mãe divina e o que a partir dali tem feito por nós, seus filhos humanos.

Também nos abriu os fundamentos da escrita dos Orixás a partir da revelação de algumas de suas ondas vibratórias ou "vibrações divinas".

Trouxe novas informações sobre a hereditariedade divina dos seres e porque cada um é como é.

Se eu fosse comentar aqui tudo que ele nos revelou ou tornou compreensível, tanto na *Gênese Divina de Umbanda* quanto no *Código de Umbanda,* teria de escrever um livro somente com o que nos transmitiu.

Por isso, prefiro limitar este livro à abordagem das funções dos sagrados Orixás, descritas nos dois livros citados e em muitos outros, psicografados posteriormente.

Recomendo suas leituras e estudo!

Capítulo 19

Os Orixás Originais: Como Identificar e Nomear os Orixás Originais em Olorum

Se quisermos retirar do culto aos Orixás algumas dúvidas que pairam sobre eles por causa da forma de cultuá-los, que não é nova, devemos nos concentrar na identificação deles em Olorum como seus poderes, que Nele não existem por si, e sim são as divindades existentes em Seus Princípios, que são divinos, eternos e imutáveis.

Em Olorum, os Orixás não têm formas e não são seres divinos ou de naturezas divinas, e sim são em si as qualidades e características divinas que o identificam como o divino Criador!

Em Olorum, nenhum Orixá tem existência própria ou existe por si só, e sim eles são Princípios divinos e poderes inseparáveis Dele, que também não tem forma.

E, tal como já comentamos, assim como Olorum não tem forma, mas dá origem a todas as formas, em relação aos Seus Princípios e poderes divinos, Ele não tem início, origem ou um princípio que Lhe deu existência, e sim de si e por si mesmo, dá um instante inicial a tudo que Seu pensar cria, dando origem às Suas criações, e dá a cada uma delas uma existência individual.

Então podemos definir Olorum assim:

• Ele não tem uma origem, mas é em si a origem e é o poder originador de tudo que existe.

- Ele não tem um Princípio que o originou, mas é em si todos os Princípios originais.
- Ele não tem uma forma, mas dá forma a todas as Suas criações.
- Ele não foi gerado em um poder, mas ele é o poder que dá origem a todos os poderes divinos.
- Ele não começou a existir a partir de algo, mas é o próprio existir em si mesmo e, a partir de Si, dá existência ao que Seu pensamento elaborar, transformando cada um de Seus pensamentos em uma de suas criações.
- Ele é em Si princípio, meio e fim.
- Ele é em Si o existir e a existência.
- Ele é em Si o pensamento e o ato de pensar.
- Ele é em Si a vida e o viver.
- Ele é em Si o início, a existência de todos os Seus princípios e o início de todas as existências.
- Olorum não tem uma origem, e sim origina de Si e em Si tudo e todos que Seu pensar elaborar como algo em si mesmo.
- Olorum é o ato de existir, de pensar, de criar, de originar, de gerar, de viver, etc.

Enfim, ele é em Si o que define o que é viver, pensar, criar, gerar, iniciar, etc. E está presente em nós, como nossa capacidade de pensar, como nosso existir, como nossa vida, como nossa criatividade, como nossa fé, nosso amor, nossa memória, nossa razão, nosso regrador, nossa evolução, nossa geratividade, etc.

Em nós, se pudéssemos compará-Lo com algo, e não podemos, Ele não é nosso cérebro, mas é nosso pensar.

Não é nosso coração, mas é nosso sentir.

Não é nosso aparelho reprodutor, mas é a reprodução.

Não é nosso conhecimento adquirido, mas é nossa capacidade de aprender.

Enfim, Olorum é em si origem, meio e fim.

Origem porque é a partir Dele que seus pensamentos e o que foi pensado adquirem vida, ou seja, passam a existir.

Meio, porque somente o que Nele se originou adquire existência e imortalidade.

Fim porque somente o que, a partir Dele, adquiriu existência e imortalidade, Nele existirá eternamente.

É nesse ponto que podemos identificar Olorum e fundamentar Nele os Orixás originais e, entendendo-os como seus poderes, desenvolver todo um entendimento e uma compreensão bem fundamentada; então entenderemos por que os Orixás cultuados aqui no plano material são capazes de responder às nossas preces e clamores e nos auxiliam na solução de nossas dificuldades, desde as mais simples às mais complexas.

Os Orixás originais, como a divindade de Olorum existente em cada um de seus princípios divinos, dele são inseparáveis, porque são mistérios e poderes inerentes a Ele, e a ninguém mais!

Identificando cada Orixá original como um mistério e um poder de Olorum, nós os fundamentamos Nele e, aí sim, podemos ensiná-los como poderes em si mesmos, mas inseparáveis Dele.

Se separarmos um Orixá original de Olorum, retiramos dele sua divindade, sua função e sua finalidade.

Se fôssemos comparar um Orixá original com a função de determinada faculdade mental nossa ou com a função de determinado aparelho ou órgão de nosso corpo humano, e isso podemos fazer, então teríamos isto:

- Se subtrairmos de nosso organismo o cérebro, o corpo morre.
- Se subtrairmos o coração, o corpo morre.
- Se subtrairmos os rins, o corpo morre.
- Se subtrairmos o fígado, o corpo morre.
- Se subtrairmos os pulmões, o corpo morre.
- Se subtrairmos o aparelho digestivo, o corpo morre.
- Se subtrairmos o sangue, o corpo morre.

Assim como, se pudéssemos subtrair algo de Olorum, ou seja, se retirássemos de Olorum a vida, nada adquiriria via própria.

- Se retirarmos Dele o Existir, nada adquire existência.
- Se retirarmos Dele o Pensar, ninguém adquire a capacidade de raciocinar.
- Se retirarmos Dele a Origem, nada se origina.
- Se retirarmos Dele o Criacionismo, nada é criado.
- Se retirarmos Dele o Geracionismo, nada é gerado.
- Por fim, se retirarmos Dele seus Princípios originais, nada pode ter início.

Ou seja, Olorum é inseparável de seus Princípios, assim como as divindades existentes em cada um deles também são inseparáveis.

Tal como as funções exercidas por cada órgão ou aparelho citado são inseparáveis deles, pois sem o cérebro não pensamos; sem os rins não purificamos o sangue dos líquidos que entram em nosso organismo; sem os pulmões não respiramos; sem o aparelho digestivo não nos alimentamos, etc.

Ou seja, não podemos subtrair esses órgãos ou aparelhos porque são partes de um todo, o corpo humano, do qual são partes fundamentais e que nele exercem funções vitais que, se deixarem de ser exercidas, levam à falência do todo que é o corpo humano.

Os órgãos ou os aparelhos, sem o exercício de suas funções, específicas para cada um deles, perdem suas razões de existir em um corpo e o levam à falência ou morte.

Em Olorum, se Dele retiramos Seus princípios e a divindade de cada um deles (suas capacidades ou poderes), O levamos à "falência ou morte", porque estaremos retirando Dele partes inseparáveis, que O tornam o que Ele realmente é: um todo divino em Si mesmo a partir de cada uma de suas partes e que, com todas exercendo simultaneamente suas funções, mantêm o Todo (a Criação) em equilíbrio.

Para ser identificado como um Orixá original, ele tem de ser associado como algo que existe em Olorum e que Dele não pode ser dissociado, separado ou retirado senão O descaracteriza, O diminui ou O leva à "falência ou morte".

Se retirarmos a fé em Olorum, O "matamos" na mente de seus adoradores, que deixarão de acreditar Nele e de crer em Sua existência, porque matamos na mente deles a fé.

Se retirarmos o amor em Olorum, O "matamos" no coração de seus adoradores, que deixarão de amá-Lo e não encontrarão sentido algum em adorar algo que não amam, porque matamos no íntimo deles o amor a Ele.

E assim sucessivamente com todos os outros Princípios divinos e suas funções, tanto em Olorum como um todo quanto em sua Criação.

Tal como no todo que um corpo humano é, cada órgão ou aparelho tem de exercer suas funções simultaneamente com os outros, porque são partes indispensáveis e inseparáveis dele, ou seja, são partes fundamentais.

Os Orixás originais também são partes indispensáveis e inseparáveis fundamentais de Olorum, com cada um exercendo suas funções simultaneamente. E, se apenas um deles deixasse de exercê-las, o Todo entraria em desequilíbrio e desarmonia.

Devemos entender os Orixás originais como poderes divinos existentes em Olorum, mas, o exercício das funções de cada um deles não implica a interferência no exercício das funções dos outros, e sim é imprescindível ao equilíbrio e ao bom funcionamento de todos os outros, tal como acontece com os órgãos ou aparelho de nosso corpo humano, onde todos dependem do bom funcionamento de todos. E, se só um deles deixar de exercer suas funções, todos os outros entram em "falência".

Um todo é formado por partes indispensáveis à sua existência e à sua funcionalidade.

Os Orixás originais, em Olorum, são isto: partes de um todo, do qual são inseparáveis e imprescindíveis ao equilíbrio e à harmonia entre todos.

A respiração em equilíbrio é fundamental para a circulação também ser realizada em equilíbrio, mas cada uma é uma função em si mesma.

• O Orixá Original da Geração é o poder gerador de Olorum.
• O Orixá Original da Concepção é o poder concebedor de Olorum.
• O Orixá Original da Evolução é o poder evolucionador de Olorum.

E assim sucessivamente com todos os outros Orixás Originais.

Os Orixás Originais não são diferenciados em positivos ou negativos, em masculinos ou femininos, em ativos ou passivos, etc.

Até porque, mesmo aqui no plano material humano, onde quase tudo e quase todos são classificados por gênero, o Amor é algo comum tanto ao gênero masculino quanto ao feminino, assim como é indiferenciada a Fé, a Razão, o Conhecimento, etc.

Os Princípios Divinos são algo que tanto estão presentes em um gênero quanto em outro, porque são princípios gerais aplicados a todos.

Assim também são os Orixás originais, que não podem ser classificados em masculinos e femininos, positivos e negativos, etc.

Não existe um Princípio Divino ou um Orixá Original da Geração para o gênero masculino e outro para o feminino, e sim um Princípio Gerador em Olorum, e existe um Orixá Original da Geração que tanto gera um quanto o outro gênero, porque ele é em si a divindade de Olorum que anima o Princípio Gerador.

E o mesmo se aplica aos outros Orixás originais, que são partes ou princípios inseparáveis de Olorum, e existem nele não como seres, e sim como Seus poderes.

Eles não têm nomes ou feições humanas e muito menos formas para identificá-los.

Eles não são apenas partes Dele, e sim seus Princípios e os meios divinos dos quais Ele se serve para Se manifestar para o Seu lado externo, que é a própria Criação em si mesma.

Um Orixá Original é um poder de Olorum que, no lado interno, são Seus princípios divinos. Já em Seu lado externo, são seus poderes manifestados na forma de "Suas Divindades", porque são Ele manifestado.

Por não terem nomes, feições e formas humanas não podem e não devem receber nomes, feições e formas humanas, tal como ocorre com Olorum.

Para não descaracterizá-los como divindades originais de Olorum e que juntas formam o Todo Divino, somente os associamos aos Princípios Divinos que dão sustentação, origem e atividade aos Sentidos da Vida, que são os direcionadores e os impulsionadores de toda a Criação.

Então os nomeamos e os identificamos desta forma:

• **Orixá Original da Fé**, que tanto é em si o Princípio da Fé quanto é a divindade manifestadora dele no lado externo da Criação, onde é o Orixá original da fé, que a irradia para tudo e todos o tempo todo, porque é em si o poder da fé de Olorum.

• **Orixá Original do Amor**, que tanto é em si o Princípio do Amor quanto é a divindade manifestadora dele no lado externo da Criação, onde é o Orixá original do Amor, que o irradia para tudo e todos o tempo todo, porque é em si o poder do amor de Olorum.

• **Orixá Original do Conhecimento**, que tanto é em si o Princípio do Conhecimento quanto é sua divindade manifestadora no lado externo da Criação, onde é o Orixá original do Conhecimento, que o irradia para tudo e todos o tempo todo, porque é em si o poder do conhecimento de Olorum.

• **Orixá Original da Justiça**, que tanto é em si o Princípio da Justiça quanto é em si a divindade manifestadora do equilíbrio no lado externo da Criação, onde é o Orixá original da Justiça, que a irradia para tudo e todos o tempo todo, porque é em si o poder equilibrador de Olorum.

• **Orixá Original da Lei**, que tanto é em si o Princípio da Lei quanto é sua divindade manifestadora da ordem no lado externo da Criação, onde é o Orixá original da Lei, que a irradia para tudo e todos no lado externo da Criação, porque é em si o poder ordenador de Olorum.

• **Orixá Original da Evolução**, que tanto é em si o Princípio da Evolução quanto é em si a divindade manifestadora da Evolução no lado externo da Criação, onde é o Orixá original da Evolução, que a irradia para tudo e todos o tempo todo, porque é em si o poder evolucionador de Olorum.

• **Orixá Original da Geração**, que tanto é em si o Princípio da Geração quanto é em si a divindade manifestadora dela no lado externo da Criação, onde é o Orixá original da Geração, que a irradia para tudo e para todos, porque é em si o poder gerador de Olorum.

Aí temos uma nomeação dos Orixás Originais a partir dos Princípios Divinos, que tanto dão origem quanto regem a Criação, onde são em si poderes de Olorum manifestados como divindades inseparáveis Dele, merecedores de respeito, culto e reverências religiosas, porque é a partir deles que começam a surgir os Orixás cultuados dentro da Umbanda.

Neles se iniciam as hierarquias e a hierarquização dos Orixás, hierarquias estas que chegam até nós, os espíritos humanos, distinguindo-nos e classificando-nos como regidos por um ou outro Sentido da Vida.

Os sete Orixás Originais são os regentes divinos dos Sete Sentidos da Vida, porque é por meio deles que Olorum rege toda a sua Criação e, em cada um dos Sentidos opera por meio do Orixá Original que é sua divindade manifestada.

E, porque cada criação de Olorum é iniciada em um dos Sete Sentidos, então cada uma das coisas criada por Ele é regida por um ou outro Sentido, sejam elas animadas ou inanimadas, espirituais ou energéticas, passivas ou ativas, positivas ou negativas, do gênero masculino ou feminino, etc.

Se for melhor entendido, os sete Orixás originais são as sete divindades de Olorum, que tanto estão Nele como seus Princípios quanto O manifestam na Criação!

Os Orixás originais estão "assentados" no lado interno ou plano divino da Criação e a partir dele se manifestam e abrem seus mistérios para ela a partir do Primeiro Plano da Vida, denominado Plano Fatoral.

Capítulo 20

O Desdobramento dos Orixás Originais

Já comentamos que os Orixás originais são inseparáveis de Olorum porque eles são Seus manifestadores diretos na Criação, também identificada como o lado externo Dele e que cada um deles é em si um Princípio Divino, único e original.

Pois bem! Como em cada um desses Orixás originais a unidade de Olorum está em cada um, diferenciando-os por causa dos princípios que os regem, no lado externo da Criação cada um desses Orixás originais, ao se manifestarem e se "abrirem" nela, deram existências e origens para tudo e todos criados e gerados em seu lado interno, que é Olorum em Si mesmo.

Por meio de cada um deles foram exteriorizadas tantas criações que nos é impossível saber quantas foram, porque não sabemos sobre tudo que existe no exterior de Olorum.

Mas sabemos que cada Plano da Vida teve origem em um desses Orixás Originais, que, ao se manifestarem, os originaram para que dentro deles fossem abrigadas todas as criações de Olorum.

Como cada Orixá Original é uma manifestação direta de Olorum, cada plano da vida é em si a exteriorização do que Nele é uno e indivisível.

Por isso, cada plano é único e indivisível, uma unidade em si que não se repete mais na Criação, mas que possui em si a infinitude existente em Olorum, que o torna infinito em si mesmo.

Cada plano da vida é temporal porque possui seu instante inicial, marcado pelo momento em que Olorum se manifestou e deu início à existência de sua Criação ou seu lado externo, ainda que não saibamos quando e como isso aconteceu.

É no primeiro plano externo da Criação que os Orixás originais deram início à exteriorização das criações de Olorum e também deram início à individualização e separação dos poderes e mistérios inerentes às suas divindades, que, no lado interno da Criação, formam uma unidade divina, formada por muitas partes internas.

Tal como em Olorum não existe a separação em gênero masculino e feminino, ou em positivo e negativo, etc., pois tudo é um todo, assim é com os Orixás originais em seus lados internos, onde cada um é em si uma unidade inseparável Dele, tal como já comentamos quando comparamos o todo que é o corpo humano e seus órgãos e aparelhos.

Mas, assim como, ao serem exteriorizadas, suas criações vão se individualizando e adquirindo características próprias que começam a distingui-las e separá-las por gêneros, por polaridades magnéticas e energéticas positivas e negativas, etc., o mesmo aconteceu com os Orixás Originais e os Princípios Divinos, que se desdobraram de tal forma que fizeram surgir no primeiro Plano da Vida os pares de Orixás, também únicos e inseparáveis dos Orixás originais, com cada um individualizado por seu gênero, seu magnetismo e suas funções na Criação.

Esse fato fez surgir a primeira manifestação bipolarizada de Olorum. Essa bipolarização aconteceu com tudo e todos na Criação, não se limitando apenas à divindade existente em cada Orixá Original.

O duplo aspecto, a bipolarização e a divisão por gêneros, deduzimos que já existia no lado interno de Olorum, mas somente no estado potencial, que, ao sair desse estado e tornar-se poder ativo e atuante no lado externo Dele, assumiram características individualizadoras, com cada par regendo um dos Sentidos da Vida, uma das sete Irradiações Divinas, etc., dando início às hierarquias de Orixás manifestados por Olorum.

Parece complexo, e é mesmo!

Então, esses pares de Orixás surgidos com a exteriorização dos sete Orixás Originais não têm formas, porque também são em si mentais divinos manifestados por Olorum em Seu Primeiro Plano da Vida.

Eles têm o exato tamanho desse Primeiro Plano, mas dentro do qual cada um deles já possui seu magnetismo individual e vibra em um grau específico, ou seja, todos ocupam o mesmo "espaço", mas em graus vibratórios diferentes.

É dentro de seu grau que cada um desses 14 Orixás se irradia e cria uma faixa vibratória somente sua, fato esse que faz o todo que é o Primeiro Plano da Vida possuir 14 faixas vibratórias abrigadoras das muitas criações de Olorum.

Para podermos prosseguir em nosso comentário temos de começar a dar nomes aos Planos, aos Orixás individualizados, aos seus magnetismos, às energias irradiadas por eles, aos seus gêneros, às suas funções, etc., senão ficaremos limitados pela não identificação e nomeação de cada um deles.

Pois bem! O Primeiro Plano recebeu o nome de "Plano Fatoral", porque nele as energias irradiadas pelos Orixás, também nomeados "Fatorais" ou "Fatoradores", são vivas e divinas e cada uma realiza uma função na faixa vibratória por onde flui após ser irradiada por seu Orixá gerador.

Então, no Primeiro Plano da Vida, denominado "Plano Fatoral", os Orixás individualizados são denominados "Orixás Fatorais".

Esses são nomes e formas humanas de identificar o que não tem forma e não é humano, mas é divino.

Mas, se os sete Orixás originais, após serem manifestados por Olorum, desdobraram-se em sete pares de Orixás Fatorais, que não possuem formas e não têm nomes humanos, o correto foi nomeá-los pelo gênero e pela Irradiação Divina que os regem.

Assim, esperamos que fique entendido que é somente como um recurso para podermos comentar o que é divino e que transcende até nossa capacidade de imaginá-los, então temos isto no primeiro plano da vida:

• Primeiro Plano da Vida: Fatoral.
• Orixás manifestados: Fatorais.
• 1º par manifestado: Orixás Fatorais masculino e feminino da Fé.
• 2º par manifestado: Orixás Fatorais masculino e feminino do Amor e da Concepção.
• 3º par manifestado: Orixás Fatorais (M/F) do Conhecimento e do Aprendizado.
• 4º par manifestado: Orixás Fatorais (M/F) da Justiça e da Razão.
• 5º par manifestado: Orixás Fatorais (M/F) da Lei e da Ordem.
• 6º par manifestado: Orixás Fatorais (M/F) da Evolução e do Amadurecimento.
• 7º par manifestado: Orixás Fatorais (M/F) da Geração e do Criacionismo.

Sejam eles identificados pelos Princípios, pelos Sentidos ou pelas Irradiações de Olorum que os regem, sempre chegaremos aos mesmos nomes aqui usados para nomeá-los e identificá-los, fato esse que reveste nossos comentários de uma lógica ímpar e não igualada por qualquer outra interpretação do Divino Criador Olorum, de sua Criação e dos Sagrados Orixás, fornecendo aos estudiosos da Umbanda um "modelo-padrão" para a Gênese e a Teologia Umbandista.

Sim, um modelo padrão da Umbanda, porque foi nela que ele foi aberto para o conhecimento e aprendizado sobre a Umbanda, porque dispensa os estudiosos umbandistas de procurarem nos modelos das outras religiões seus fundamentos.

O umbandista já não precisa mais do modelo-padrão de interpretação e de ensino de nenhuma outra religião, inclusive o do Candomblé de origem nigeriana, de onde provém o termo "Orixá", ou a religião dos indígenas brasileiros, de onde provém boa parte da nomenclatura umbandista.

A Umbanda tem de ter seu próprio "modelo-padrão" de interpretação e ensino ou nunca se mostrará coesa em sua Teologia e em sua Doutrina, e sempre dependerá dos modelos alheios, cujos detentores não a respeitarão como uma religião com seus próprios fundamentos e a classificarão como uma seita, um apêndice de outra religião.

Alguém sabe para que serve o apêndice no organismo humano?

Por acaso, de vez em quando os médicos não recomendam uma cirurgia para a retirada do apêndice, para que o paciente não morra de "apendicite"?

Não é isso que têm feito com os umbandistas os dirigentes das outras religiões, que lhes recomendam que abandonem a Umbanda, porque ela é somente uma seita, que ora cultua os santos cristãos, ora cultua os Orixás, ora cultua...?

Não é isso que acontece, amigo leitor que está lendo nossos comentários fundamentadores da Umbanda em um modelo interpretativo genuinamente umbandista?

Não é isso que fazem com ingênuos e despreparados médiuns umbandistas os dirigentes dos muitos cultos afros que formam o que se denominou Candomblé, que engloba em uma só denominação os vários e ancestrais cultos religiosos dos antigos povos africanos atualmente dominados pelo Cristianismo, pelo Islamismo, etc.?

O mesmo não fazem os dirigentes cristãos católicos, e os das muitas denominações "evangélicas", ao recomendarem que os médiuns umbandistas se afastem dela, porque ela é uma seita pagã que os afasta de Deus?

Saibam que apenas subsiste no tempo como uma "entidade religiosa em si mesma" a religião que possui ou desenvolve seu próprio "modelo-padrão" de interpretação do Criador, de sua Criação e dos seres e tudo mais criado por Ele.

O Hinduísmo possui seu modelo-padrão e não depende de nenhuma outra religião para ser ensinado aos seus seguidores.

O Budismo possui seu modelo padrão e não depende de nenhuma outra religião para ser ensinado aos seus seguidores.

O Judaísmo possui seu modelo-padrão e não depende de nenhuma outra religião para ser ensinado aos seus seguidores.

A antiga religião egípcia, a persa, a mesopotâmica, a grega, a celta, etc., cada uma possuía seu "modelo-padrão" e não dependia das outras religiões daquela época para serem ensinadas aos seus seguidores.

Já o Cristianismo e o Islamismo, por adotarem o modelo-padrão judaico, padecem de uma dependência natural, porque são apêndices dele. E têm de recorrer ao Velho Testamento para se fundamentarem.

Não ter um "modelo-padrão" próprio enfraquece qualquer religião, por mais bondosos e bem-intencionados que sejam seus seguidores.

O fato é que essa base fundamentadora de Olorum e dos sagrados Orixás é verdadeira, racional e muito bem elaborada, fornecendo um "modelo-padrão" para interpretar, comentar, discutir e ensinar a Umbanda.

Retomando nossos comentários sobre o primeiro plano da vida, encontramos isto:

1- Sete Orixás originais manifestados que, ao abrirem seus mistérios, o fizeram de forma bipolarizada e deram existência no exterior de Olorum às sete irradiações divinas, às sete vibrações originais, aos sete planos da vida, aos sete sentidos, às sete esferas divinas, aos sete mentais sagrados, aos sete círculos vivos e divinos, aos sete campos da criação, às sete bipolarizações originais, etc., tudo originado a partir da exteriorização de Olorum por meio de Seu setenário sagrado, gerado a partir do desdobramento da unidade existente no lado interno Dele.

2- O setenário divino é formado pelos sete Orixás originais, que são inseparáveis de Olorum porque é Ele manifestado de forma sétupla.

3- A manifestação sétupla de Olorum deu existência ao Seu lado externo e deu início à exteriorização de Suas criações, que começaram a ser "acomodadas" nesse primeiro plano da vida, denominado Fatoral.

4- Os sete Orixás originais, ao se manifestarem, o fizeram de forma bipolarizada e deram origem no exterior de Olorum a 14 Orixás Fatorais agrupados em sete pares identificados e individualizados na forma de mentais divinos passíveis de ser classificados por gênero, magnetismo, vibração, energia fatoral, funções, etc.

5- Os Orixás Originais tanto existem no interior de Olorum, denominado lado interno, quanto existem no exterior Dele, denominado Seu lado externo.

6- No lado interno, os sete Orixás Originais convergem para a unidade existente em Olorum, e no lado externo eles se abrem para a multiplicidade das criações exteriorizadas por Ele.

7- Os 14 Orixás Fatorais devem suas existências aos sete Originais e deles são inseparáveis, porque são em si manifestações deles e são os manifestadores diretos de seus poderes divinos, que em Olorum são seus Princípios Divinos.

8- Cada Orixá Fatoral é em si um princípio manifestado por Olorum, dando origem a essa identificação, classificação e nomenclatura:

1º PAR DE ORIXÁS FATORAIS: DA FÉ

8.1- Orixá fatoral masculino da fé, que possui inúmeras funções, mas que, aqui, só destacamos estas:

Funções Reunidora e Congregadora

A Função Reunidora tem a finalidade de reunir todas as partes da Criação em um todo uno e coeso, dando a ela a unidade existente em Olorum. Fato esse facilmente confirmado pelo fato de cada parte ser interdependente de todas as outras e que, se forem retiradas do todo, falecem ou perecem e deixam de ter uma função e uma finalidade em si mesma e "morrem", ou deixam de existir.

A Função Congregadora tem a finalidade de congregar em torno de Olorum tudo e todos, fazendo com que a convergência interna dos Sete Orixás Originais se repita em cada uma das criações Dele, que, se foram exteriorizadas, no entanto convergem para Ele em um movimento evolucionista semelhante ao da circulação no corpo humano, em que o sangue bombeado pelo coração flui até os extremos dele depois retorna a ele para uma renovação da oxigenação.

O mesmo órgão envia o sangue para os extremos do todo, que é o corpo humano, e depois faz com que ele retorne (a convergência) ao seu órgão oxigenador.

Se observarem o movimento circulatório do corpo humano, mais uma vez "verão" Olorum sendo "reproduzido", porque tudo e todos precisam voltar-se para sua origem (Olorum) para se purificarem e renovarem suas vidas, muitas vezes à beira da falência ou morte de seus sentidos.

Essa é a função da Umbanda, propiciando a todos que a aceitarem a oportunidade da espiritualização de sua fé e da renovação de sua religiosidade, dando ao ser a oportunidade de uma ampla renovação de sua crença e dos princípios que a regem.

Muitas pessoas têm dificuldades para entender e aceitar a existência de Olorum e Sua presença na Criação e mesmo em suas vidas.

Observando a circulação sanguínea do corpo humano, mais uma vez o "vemos" reproduzido nela e em cada pessoa, que precisa voltar-se para Olorum para retomarem suas evoluções.

O estudo sobre Olorum não pode ser centrado Nele, porque Ele está além das nossas possibilidades mentais, visuais e percepcionais.

Então Ele deve ser observado em Suas criações, nas quais Se mostra presente.

Apenas duas das funções exercidas pelo Orixá Fatoral Masculino da Fé já nos fornece os fundamentos de sua existência e sua importância divina para a Criação e para Olorum.

Reunir e unificar as partes do todo, que é a Criação, e congregá-la de tal forma que toda ela converge para Ele!

Somente essas duas funções já seriam suficientes para demonstrar a grandeza divina desse Orixá da Fé, que, em nível terra e por sua correspondência direta com ele, fez surgir o Orixá Oxalá, que, entre suas muitas funções, tem as de reunir pessoas com mentalidades e níveis conscienciais diferentes e congregrá-las em torno de um ponto único, que é Olorum, fazendo com que por meio da fé todos convergem para Ele e Nele se "oxigenem" e se renovem!

A SEGUIR COLOCAMOS OUTRAS FUNÇÕES DIVINAS EXERCIDAS PELO Orixá OXALÁ NA CRIAÇÃO DIVINA.

Oxalá

VERBO	FATOR	ORIXÁ	AÇÃO
Abastecer	Abastecedor	Oxalá	Prover do necessário
Acalmar	Acalmador	Oxalá	Serenar; pacificar
Acrescentar	Acrescentador	Oxalá	Tornar maior; aumentar
Alinhar	Alinhador	Oxalá	Pôr em linha reta
Alojar	Alojador	Oxalá	Dar alojamento; receber; admitir; conter
Amoldar	Amoldador	Oxalá	Ajustar ao molde; moldar

Angular	Angulador	Oxalá	Formar ângulo; enviesar
Apassivar	Apassivador	Oxalá	Empregar na voz passiva; apassivar um verbo
Apaziguar	Apaziguador	Oxalá	Pôr em paz, aquietar, sossegar
Aplainar	Aplainador	Oxalá	Alisar com plaina, aplainar, remover
Calibrar	Calibrador	Oxalá	Dar o conveniente calibre a
Concentrar	Concentrador	Oxalá	Centralizar; reunir em um mesmo ponto
Congregar	Congregador	Oxalá	Convocar, ajuntar, reunir
Construir	Construidor	Oxalá	Edificar, fabricar, explicar, interpretar
Cristalizar	Cristalizador	Oxalá	Transformar em cristal; permanecer, estacionar (em um mesmo estado)
Cruzar	Cruzador	Oxalá	Dispor em forma de cruz; atravessar
Delinear	Delineador	Oxalá	Traçar, esboçar; projetar, planear
Descarregar	Descarregador	Oxalá	Tirar a carga de; aliviar, desonerar
Dosear	Doseador	Oxalá	Misturar, combinar nas proporções devidas

Edificar	Edificador	Oxalá	Construir, levantar
Emanar	Emanador	Oxalá	Nascer, provir, originar-se
Empedernir	Empedernidor	Oxalá	Converter em pedra; tornar duro como pedra
Encruzar	Encruzador	Oxalá	Cruzar; pôr em forma de cruz
Envelhecer	Envelhecedor	Oxalá	Tornar velho, fazer parecer velho
Envergar	Envergador	Oxalá	Atar, enrolar, vergar
Esquadrar	Esquadrador	Oxalá	Cortar, riscar, dispor em esquadrias, em ângulos retos
Estrelejar	Estrelejador	Oxalá e Iemanjá	Estrelar-se, começar a encher-se de estrelas
Estruturar	Estruturador	Oxalá	Fazer a estrutura de
Facetar	Facetador	Oxalá	Lapidar; fazer facetas em; aprimorar
Fazer	Fazedor	Oxalá	Dar existência ou forma a; criar; construir, edificar
Finalizar	Finalizador	Oxalá	Rematar, ultimar, concluir, acabar
Fundar	Fundador	Oxalá	Construir, assentar os alicerces de; edificar, levantar

Gravitar	Gravitador	Oxalá	Andar em volta de um ponto fixo, atraído por ele; tender
Homogenizar	Homogeneizador	Oxalá	Tornar homogêneo
Imanar	Imanador	Oxalá	Magnetizar
Incluir	Incluidor	Oxalá	Encerrar, fechar (dentro de alguma coisa); inserir, introduzir
Iniciar	Iniciador	Oxalá	Começar, principiar, admitir
Modelar	Modelador	Oxalá	Fazer o modelo ou o molde de; dar forma a
Nivelar	Nivelador	Oxalá	Medir com o nível; aplainar
Organizar	Organizador	Oxalá	Constituir, formar, arranjar, estabelecer as bases de
Pacificar	Pacificador	Oxalá	Restituir a paz, pôr em paz; tranquilizar-se
Padronizar	Padronizador	Oxalá	Servir de padrão, de modelo a
Refinar	Refinador	Oxalá	Tornar mais fino
Reparar	Reparador	Oxalá	Notar, observar; remediar, refazer, restaurar
Repor	Repositor	Oxalá	Pôr de novo; restituir

Restaurar	Restaurador	Oxalá	Recuperar, reconquistar; reparar, concertar, recomeçar
Retrair	Retraidor	Oxalá	Puxar a si; recolher; recuar; impedir, afastar-se
Reunir	Reunidor	Oxalá	Tornar a unir; conciliar, harmonizar
Saturar	Saturador	Oxalá	Fartar, encher, saciar
Setuplicar	Setuplicador	Oxalá	Multiplicar por sete; tornar sete vezes maior
Solidificar	Solidificador	Oxalá	Tornar sólido; congelar
Sublimar	Sublimador	Oxalá	Elevar a grande altura; purificar; exaltar
Vitalizar	Vitalizador	Oxalá	Restituir à vida; dar nova vida a
Vivificar	Vivificador	Oxalá	Dar a vida a; reanimar; reviver

8.2- Orixá Fatoral Feminino da Fé, que possui inúmeras funções, mas que, aqui, só destacamos e comentamos duas, que são estas:
Função Temporizadora e Função Condutora

A Função Temporizadora tem a finalidade de fazer existir no exterior de Olorum, em toda a Criação e em tudo e todos criados e exteriorizados por Ele a noção de tempo, no sentido cronológico.

Essa Função Temporizadora é tão importante que é graças à existência dela que podemos distinguir e classificar os sete planos da vida, os graus de qualquer escala, o tempo de existência, a idade, as estações, as fases da lua, os movimentos dos planetas ao redor do sol, os movimentos deles estabelecendo "dia e noite", etc.

Ela regula o funcionamento de nosso organismo, estabelecendo a "funcionalidade" de cada órgão, do sono, da reposição energética, etc., estabelecendo um tempo para cada função exercida pelos órgãos e aparelhos que formam o corpo humano.

Também regula e fornece um tempo específico para cada espécie se reproduzir, etc.

A Função Temporizadora estabeleceu uma ordem cronológica para tudo e todos e deu origem à escala numérica, que é perfeita porque os números obedecem a uma ordem cronológica perfeita.

É a Função Temporizadora que estabeleceu o passado, o presente e o futuro, fornecendo-nos a noção do que já aconteceu, do que está acontecendo e do que ainda não aconteceu, permitindo-nos uma divisão da eternidade em períodos ou eras, assim como nos permitiu dividi-la em milênios, séculos, décadas, anos, meses, semanas, dias, horas, minutos, segundos, milésimos de segundos, etc., concedendo-nos a noção de "instante" e "instantaneidade", épocas, estações, início, meio e fim.

A importância da Função Temporizadora exercida pelo Orixá Fatoral Feminino da Fé transcende nossa capacidade humana de raciocinar sobre os poderes divinos.

Mas a importância da Função Condutora exercida por esse Orixá fatoral feminino da fé não é menor e estende-se desde o micro até o macrocosmo, sempre conduzindo cada coisa para seu devido lugar.

Até podemos comparar essa função aos nossos meios de transportes, existentes para nos levar de um lugar para outro, às vezes de forma rápida e outras de forma lenta, mas sempre com a finalidade de nos deslocar de um lugar para outro.

No plano dos espíritos é essa função que conduz cada um que desencarnou para seu devido lugar, não levando nenhum para onde não deve estar ou indo para onde não se fez por merecer.

Poderíamos nos estender por muitas páginas comentando a Função Condutora da Criação, exercida pelo Orixá Fatoral Feminino da Fé.

Para a Umbanda é um privilégio divino poder revelá-lo e ensiná-lo aos umbandistas e a quem mais quiser conhecê-lo, cultuá-lo e ser amparado em sua evolução terrena e espiritual.

Quanto às críticas violentas desfechadas pelos seguidores de outros cultos afros, nós as relevamos porque provêm de pessoas que apenas aprenderam o que outras pessoas lhes ensinaram e acreditam que somente existem os Orixás anteriormente revelados, desclassificando as novas revelações que estão acontecendo por meio da Umbanda, revelações estas que têm um propósito maior, que é o de fundamentar os sagrados Orixás, por meio de um "modelo-padrão" próprio e independente do modelo-padrão nagô, ainda que se sirva de parte de sua nomenclatura e de seu panteão e dispense o restante dela, porque, se fosse para repeti-lo ao "pé da letra", a Umbanda não precisaria ter sido criada.

Somente para nomear e para facilitar seu entendimento, seu poder e sua divindade, dos níveis espirituais superiores nos chegou a determinação de nomeá-lo como Logunan, Orixá Feminino da Fé, regente do Mistério do Tempo e condutora da Criação como um todo e de tudo e todos que foram criados e exteriorizados por Olorum!

LOGUNAN – TEMPO

VERBO	FATOR	ORIXÁ	AÇÃO
Afunilar	Afunilador	Logunan	Dar forma de funil
Arrefecer	Arrefecedor	Logunan	Esfriar, tornar-se frio
Arrolar	Arrolador	Logunan	Dar forma de rolo; enrolar; formar rolo; rolar
Conduzir	Conduzidor	Logunan	Levar ou trazer, transportar, transmitir
Congelar	Congelador	Logunan	Gelar; solidificar; coagular, resfriar

Curvar	Curvador	Logunan	Tornar curvo; encurvar, dobrar
Encaracolar	Encaracolador	Logunan	Dar a forma de caracol; envolver-se em espiral; torcer-se, enrolar-se
Estiar	Estiador	Logunan	Serenar ou tornar-se seco; parar, cessar
Retornar	Retornador	Logunan	Regressar, voltar, restituir; fazer voltar, tornar
Reverter	Revertedor	Logunan	Regressar; voltar, retroceder
Temporalizar	Temporalizador	Logunan	O mesmo que secularizar
Voltar	Voltador	Logunan	Ir, regressar; tornar, recomeçar

2º PAR DE ORIXÁS FATORAIS: DO AMOR

8.3 – Orixá Fatoral Masculino do Amor, que possui muitas funções, entre as quais destacamos a Função Renovadora e a Ritmadora.

A Função Renovadora tem a finalidade de conceder a tudo e a todos a possibilidade de se renovarem e prosseguirem avançando adiante, ainda que a renovação aconteça já em outro estado e condições.

A Função Ritmadora tem a finalidade de estabelecer para cada criação seu ritmo individual, assim como estabelece para cada parte de uma mesma criação individualizada o ritmo de cada uma delas.

Sem ter seu próprio ritmo nada adquire estabilidade, autonomia e individualização, porque ficará sujeitado por um ritmo alheio ou por ele será dominado.

A função Ritmadora é fundamental para cada espécie criada por Olorum, porque ela determina o funcionamento ou a funcionalidade de cada uma delas.

OXUMARÉ

VERBO	FATOR	ORIXÁ	AÇÃO
Abagoar	Abagoador	Oxumaré	Criar bago, ex.: A videira abagoava rapidamente
Abolir	Abolidor	Oxumaré	Por fora de uso; anular; suprimir
Dissolver	Dissolvedor	Oxumaré	Desfazer a agregação das partes de um corpo sólido; derreter, anular
Evaporar	Evaporador	Oxumaré	Converter em vapor
Irizar	Irizador	Oxumaré	Matizar com as cores do arco-íris; abrilhantar, matizar
Ondear	Ondeador	Oxumaré	Mover-se em ondulações; fazer ondas; serpear, ondular
Refazer	Refazedor	Oxumaré	Fazer novamente; corrigir; restaurar
Renovar	Renovador	Oxumaré	Tornar novo; mudar ou modificar para melhor
Solubilizar	Solubilizador	Oxumaré	Solubilizar uma substância, torná-la solúvel

8.4- Orixá Fatoral Feminino do Amor, que possui muitas funções, entre as quais destacamos a Função Agregadora e a Concebedora.

A Função Agregadora tem a finalidade de juntar e unir partes que, por si sós, não se reproduziriam, mas que, unidas a outras, dão origem a novas criações, mais complexas, mas que também se individualizam.

A Função Concebedora do Orixá Fatoral Feminino do Amor tem uma correspondência direta com o poder criador de Olorum, porque dá a cada forma de vida exteriorizada por Ele o poder de engendrarem, de conceberem novos seres da mesma espécie, novas ideias, novas criações, etc.

A Função Concebedora regula a multiplicação da Criação, permitindo que cada espécie se reproduza, desde que estejam sob as condições ideais.

OXUM

VERBO	FATOR	ORIXÁ	AÇÃO
Abaular	Abaulador	Oxum	Dar forma convexa
Abrandar	Abrandador	Oxum	Tornar brando; amolecer
Acachoeirar-se	Acachoeirador	Oxum	Formar cachoeira
Acasalar	Acasalador	Oxum	Reunir (macho e fêmea) para a criação
Aconchear	Aconcheador	Oxum	Dar forma de concha
Adequar	Adequador	Oxum	Acomodar
Adsorver	Adsorvedor	Oxum	Atrair, aderir a si
Aderir	Aderidor	Oxum	Estar ou ficar intimamente ligado
Aglutinar	Aglutinador	Oxum	Unir; reunir; justapor
Agomar	Agomador	Oxum	Lançar gomos; germinar; abrolhar
Amalgamar	Amalgamador	Oxum	Combinar mercúrio com outro metal; reunir; misturar; ligar-se; fundir-se; combinar-se
Anelar	Anelador	Oxum	Dar forma de anel a; encaracolar
Aperfeiçoar	Aperfeiçoador	Oxum	Acabar com perfeição

Aproximar	Aproximador	Oxum	Pôr ao pé de; chegar para perto, tornar
Arredondar	Arredondador	Oxum	Dar forma redonda a; dispor em forma esférica ou circular; dar relevo a; modelar; acentuar; embelezar, completar, inteirar
Atar	Atador	Oxum	Prender, cingir, unir, estreitar, ligar
Aveludar	Aveludador	Oxum	Dar o aspecto de veludo a; tornar semelhante ao veludo
Cachoar	Cachoador	Oxum	Formar cachão ou cachoeira; borbotar, tumultuar
Caldear	Caldeador	Oxum	Soldar, ligar; amalgamar, misturar, confundir
Cingir	Cingidor	Oxum	Pôr a cinta; ligar, unir, tornear, cercar, rodear
Concavar	Concavador	Oxum	Tornar côncavo; escavar
Conceber	Concebedor	Oxum	Gerar; imaginar
Contrair	Contraidor	Oxum	Apertar, estreitar, encolher
Eflorescer	Eflorescedor	Oxum	Começar a florescer; apresentar florescência
Eliciar	Eliciador	Oxum	Fazer sair; expulsar
Embelezar	Embelezador	Oxum	Tornar belo, aformosear

O Desdobramento dos Orixás Originais

Embevecer	Embevecedor	Oxum	Causar enlevo, êxtase em
Embrandecer	Embrandecedor	Oxum	Tornar brando, flexível, amolecer
Empedrar	Empedrador	Oxum	Calçar com pedras; tapar
Encantar	Encantador	Oxum	Seduzir, cativar, arrebatar
Enconchar	Enconchador	Oxum	Cobrir com uma concha; prover de concha
Enfaixar	Enfaixador	Oxum	Ligar, envolver em faixa
Enlaçar	Enlaçador	Oxum	Prender com laços; atar, enlear
Entrelaçar	Entrelaçador	Oxum	Enlaçar, entretecer; enlear-se
Envaginar	Envaginador	Oxum	Meter ou envolver como em bainha
Envasar	Envasador	Oxum	Envasilhar; dar forma de vaso a, atolar
Eroder	Erodedor	Oxum	Corroer (pelas águas)
Estreitar	Estreitador	Oxum	Tornar estreito, apertado, reduzir, diminuir, restringir
Fecundar	Fecundador	Oxum	Comunicar a (um germe) o princípio
Florescer	Florescedor	Oxum	Fazer brotar flores a; medrar, frutificar
Fusionar	Fusionador	Oxum	Fazer a fusão de; fundir, amalgamar
Germinar	Germinador	Oxum	Nascer, tomar incremento ou vulto, desenvolver-se

Granular	Granulador	Oxum	Dar forma de grânulos a; reduzir a pequenos grãos
Harmonizar	Harmonizador	Oxum	Pôr em harmonia; congraçar, conciliar
Inovar	Inovador	Oxum	Introduzir novidades
Lacrar	Lacrador	Oxum	Fechar com lacre; aplicar lacre em
Mineralizar	Mineralizador	Oxum	Transformar em mineral
Reduzir	Reduzidor	Oxum	Tornar menor; subjugar, submeter
Repulsar	Repulsador	Oxum	Repelir; afastar, recusar, rejeitar
Sensibilizar	Sensibilizador	Oxum	Tornar sensível, comover, abrandar o coração
Soldar	Soldador	Oxum	Unir com solda; fazer unir, cerrar a

3º PAR DE ORIXÁS FATORAIS: DO CONHECIMENTO

8.5- Orixá Fatoral Masculino do Conhecimento, que possui muitas funções, entre as quais destacamos a Função Memorizadora e a Expansora.

A Função Memorizadora tem a finalidade de dotar cada criação de Olorum de uma memória capaz de registrar todos os acontecimentos, todas as informações, todo o desenvolvimento interno dos seres.

Nas criações energéticas, a memória nelas tem a finalidade de registrar suas propriedades e características originais, tornando-as suas qualidades permanentes que auxiliam suas identificações, qualificações e nomeação.

Como exemplo, citamos o elemento fogo e o elemento água, sendo que cada um possui suas propriedades e características intrínsecas, que os distinguem de tal forma que não é preciso tocá-los ou senti-los para diferenciá-los, identificá-los e nomeá-los.

Existe uma memória elementar universal para o fogo e outra para a água, e não importa o estado em que possam ser encontrados ou estudados, que a memória de cada um indica o que são.

O calor é fogo, a umidade é água.

A lava vulcânica é fogo liquido e a nuvem é água vaporizada.

A memória de uma energia a acompanha desde sua criação, geração e exteriorização por Olorum em seu primeiro plano da vida e a acompanhará por toda a eternidade, porque sua memória preservará suas propriedades e características, preservando sua integridade, mesmo quando se mistura com outras energias.

É a memória de cada energia que determina como ela funcionará ao ser colocada em atividade para realizar uma ação ou um trabalho específico.

A importância da Função Memorizadora transcende nossa capacidade mental e nossa compreensão sobre Olorum e sua Criação, que, graças à existência de uma memória imortal, se mostra como uma continuidade de eventos.

Mas sua importância é tão fundamental que, sem a existência dela, nenhum outro Princípio Divino realizaria suas funções na Criação, porque não teriam em si um registro original (uma memória) de como devem ser aplicados, tanto em nível macro quanto microcósmico.

O Orixá Original do Conhecimento, no lado interno da Criação, é o Princípio da Memória, gerador da memória em cada coisa criada por Olorum.

E, no lado externo, é o poder manifestado por Olorum para regular a abertura das faculdades associadas ao aprendizado, que remetem para a memória do ser que registra nela o que aprendeu, o que descobriu, o que vivenciou, etc., dotando-o de um registro somente seu, mas que, porque sua memória pessoal, está ligada à memória universal da Criação, também registra nela tudo que registrar na sua.

E, porque a memória de um ser também está ligada à de Olorum, tudo que for registrado nela também será registrado na Dele, fato esse que permite que Ele acompanhe passo a passo, segundo a segundo, a vida do ser e tudo que ele está fazendo ou vivenciando, seja positivo e benéfico ou negativo e maléfico.

A memória, em Olorum, está ligada à sua onisciência, que sabe tudo sobre todos o tempo todo, fato esse que O dispensa de vasculhar nossa existência para saber como estamos, pois ela está registrada integralmente na memória Dele.

A memória de Olorum tem o registro de nossa existência, de tudo que fizemos e do que deixamos de fazer, de onde e quando procedemos de acordo com os Princípios Divinos e onde e quando os contrariamos.

Esse fato também provoca Nele uma reação que ativa as funções reguladoras do Princípio da Ordem, regido no exterior de Olorum pelo Orixá Original da Lei, que é o ordenador da existência dos seres e dos meios onde eles vivem e evoluem.

Bom, o fato é que o Orixá Fatoral Masculino do Conhecimento regula a memória da Criação externa de Olorum e de tudo e todos exteriorizados por Ele.

E sua outra função, denominada Expansora, tem a finalidade de expandir a capacidade mental de cada ser, permitindo a expansão de todas as suas faculdades, desde a memorizadora até a sensitiva, permitindo-lhe o crescimento íntimo e a expansão de seu potencial mental e espiritual.

Mas também, em nível macrocósmico, é a Função Expansora que regula a expansão do Espaço, para que novas criações de Olorum sejam exteriorizadas e acomodadas nos meios destinados a elas.

O Universo está em expansão?

Se entendermos como Universo tanto o espaço como a quantidade de corpos celestes existentes nele, sim, ele está se expandindo cada vez mais.

Nosso mental está expandindo sua capacidade?

Sim, ele está expandindo sua capacidade de memorização, de elaboração de novas ideias, de armazenar novos conhecimentos, etc.

Só esses dois aspectos da Criação, um relacionado ao Universo e outro aos seres humanos, já servem para demonstrar a importância da Função Expansora exercida pelo Orixá Fatoral Masculino do Conhecimento.

Aqui, no plano material da vida e na Umbanda, o nome dado ao Orixá Fatoral Masculino do Conhecimento é Orixá Oxóssi.

Oxóssi

VERBO	FATOR	ORIXÁ	AÇÃO
Afinar	Afinador	Oxóssi	Tornar fino, delgado
Arquear	Arqueador	Oxóssi	Curvar em forma de arco
Abodocar	Abodocador	Oxóssi	Arquear; fazer em forma de bodoque
Apontar	Apontador	Oxóssi	Aguçar, fazer ponta a; indicar, marcar
Canalizar	Canalizador	Oxóssi	Abrir canais em; encaminhar, dirigir
Cipoar	Cipoador	Oxóssi	Cipoar alguém, bater-lhe com cipó
Enfolhar	Enfolhador	Oxóssi	Criar folhas, revestir-se de folhas
Engalhar	Engalhador	Oxóssi	Criar ramos ou galhos; ligar-se, prender-se
Enodar	Enodador	Oxóssi	Enodar uma corda, dar-lhe nós, enchê-la de nós
Enxertar	Enxertador	Oxóssi	Fazer enxerto; inserir; introduzir
Memorizar	Memorizador	Oxóssi	Memorizar, guardar informações e conhecimentos, gravando-os na memória

8.6- Orixá Fatoral Feminino do Conhecimento.

Entre as muitas funções divinas exercidas pelo Orixá Fatoral Feminino do Conhecimento, destacamos as Funções Racionalizadora e Adensadora.

A Função Racionalizadora tem a finalidade de abrandar o instintivismo e a emotividade, que são alguns dos estados íntimos dos seres, submetidos continuamente às forças movimentadoras e evolucionadoras dos meios onde estão vivendo e evoluindo.

Também a racionalização do pensamento auxilia os seres a desenvolverem ideias com qualidade e aproveitamento e auxilia no desenvolvimento da razão e do senso do equilíbrio, evitando que emitam juízos precipitados ou deem prosseguimento às intenções contrárias aos Princípios da Vida.

A função racionalizadora se aplica a tudo e a todos na Criação e o desenvolvimento de um estado de consciência racional faz com que os seres distingam a diferença entre o desejo, que é proveniente do instinto, e a vontade, que é proveniente da razão.

Esse fato os dota com a capacidade de diferenciar o que lhes é útil do que lhes é prejudicial, o que é agradável do que é desagradável etc., facilitando as escolhas ou as opções que tiverem de tomar.

Enquanto o Orixá Fatoral Masculino do Conhecimento expande as faculdades mentais dos seres, o Orixá feminino racionaliza-as e direciona para sedimentar seu aprendizado e evolução.

A outra função, adensadora, atua em conjunto com a racionalizadora e tem a finalidade de adensar a capacidade de raciocinar dos seres, auxiliando-os a potencializar as faculdades ligadas ao raciocínio e à criatividade.

A potencialização acontece com a absorção e o armazenamento de informações e conhecimentos práticos e teóricos, concentrando-os nas faculdades ligadas ao raciocínio e à memória, onde ficam à disposição de quem os adquiriu, para serem usados quando forem necessários.

No nível macrocósmico a função adensadora participa dos processos de agregação e condensação energética permitindo que, após serem transmutadas, essas condensações energéticas deem origem aos novos estados da energia original emanada o tempo todo para a criação.

Nos seres, o adensamento de suas faculdades mentais lhes permite alcançarem novos graus na escala evolucionista.

Aqui, no plano material, o Orixá Fatoral Feminino do Conhecimento recebeu o nome de Orixá Obá.

OBÁ

VERBO	FATOR	ORIXÁ	AÇÃO
Adensar	Adensador	Obá	Tornar denso, condensar
Condensar	Condensador	Obá	Tornar denso ou mais denso; resumir, engrossar
Reter	Retedor	Obá	Conservar, guardar, preservar
Enraizar	Enraizador	Obá	O mesmo que arraigar
Fixar	Fixador	Obá	Pregar, cravar; estabelecer, firmar
Racionalizar	Racionalizador	Obá	Tornar racional; tornar reflexível
Concentrar	Concentrador	Obá	Concentra os pensamentos em uma direção, afixa o potencial mental em uma direção, torna a pessoa menos dispersiva
Armazenar	Armazenador	Obá	Aumenta a capacidade de armazenar na mente um maior número de informações e de conhecimentos

4º PAR DE ORIXÁS FATORAIS: DA JUSTIÇA DIVINA

O quarto par de Orixás Fatorais é formado pelo Orixá Fatoral Masculino e pelo Orixá Fatoral Feminino da Justiça Divina.

8.7- O Orixá Fatoral Masculino da Justiça Divina possui entre suas muitas funções as de equilibrar e de purificar a tudo e a todos na Criação.

Sua Função Equilibradora tem a finalidade de estabelecer o ponto de equilíbrio em cada estado da Criação, em cada padrão energético, vibracional, magnético, elementar, consciencial, espiritual e material, onde cada tipo de matéria ou substância possui seu ponto de equilíbrio natural, determinando se ela é sólida, líquida ou gasosa.

Também fornece o ponto de equilíbrio para a temperatura interna e externa dos seres, determinando qual seu grau ideal.

Cada substância existente no plano material possui três pontos de equilíbrio, um no estado sólido, outro no estado líquido e outro no estado gasoso.

O estado em que uma substância é encontrada na temperatura média da crosta terrestre é denominado estado natural, cujo ponto de equilíbrio a mantém inalterada e estável.

E o mesmo princípio se aplica a nós, os espíritos (encarnados ou não), que possuímos um ponto de equilíbrio racional, sensorial, percepcional, emocional e consciencial e que, se sairmos dele, nos prejudicam ou nos incomodam, porque saímos de nosso estado natural.

Função Purificadora: essa função tem a finalidade de purificar as criações, sejam elas espirituais ou energéticas, das sobrecargas que as contaminam e as retiram de seus estados naturais.

No caso dos espíritos, se estiverem em seus pontos de equilíbrio, absorvem o tempo todo, por seus chacras, a energia etérea denominada prana na língua hindu, que é internalizada por cada chacra em um padrão vibratório específico e que tem as finalidades de alimentar nosso espírito e nossos sentidos e sustentar o exercício de suas funções.

Mas, se por algum motivo o ser sair de seu ponto de equilíbrio, seus chacras começam a internalizar energias etéreas em padrões vibratórios abaixo dos que lhe são naturais e benéficos. E, pouco a pouco, ao invés das energias internalizadas auxiliarem os sentidos na realização de suas funções, elas começam a paralisá-los ou distorcê-los, prejudicando ainda mais o ser já em desequilíbrio, acentuando-o ainda mais.

E, à medida que a carga energética negativa se intensifica, mais desequilíbrios vão acontecendo, começando a prejudicar determinadas funções do corpo energético dos espíritos, que, se estiverem encarnados, essas sobrecargas influenciam as funções do corpo biológico, chegando a tal intensidade que começam a adoecê-lo.

A função purificadora tem a finalidade de remover de dentro do corpo etéreo ou do biológico as sobrecargas nocivas e prejudiciais.

Saibam que no plano material os corpos sólidos, as substâncias líquidas e as gasosas absorvem a energia etérea que circula em todo o planeta, seja em seu exterior ou em seu interior e, dependendo dos padrões energéticos que estão sendo absorvidos pelos "elementos formadores do lado material da Terra", eles também se sobrecarregam e, em seus lados etéricos, se tornam negativos.

A Função Purificadora é exercida por meio de vibrações mentais divinas que penetram os corpos, sejam eles materiais, energéticos ou espirituais, e vão fracionando e removendo as condensações ou sobrecargas negativas, limpando-os e purificando-os, devolvendo-lhes o bom funcionamento e o retorno vibracional aos seus pontos de equilíbrio.

Essa função exercida pelo Orixá Fatoral Masculino da Justiça Divina se estende desde o micro até o macrocosmo, e desde o primeiro até o sétimo Plano da Vida.

Aqui, em nível Terra, o nome dado a esse Orixá Fatoral é o de Orixá Xangô.

XANGÔ

VERBO	FATOR	ORIXÁ	AÇÃO
Abalar	Abalador	Xangô	Sacudir, fazer tremer
Abrasar	Abrasador	Xangô	Transformar em brasas; queimar
Abronzar	Abronzador	Xangô	Abronzar o cobre; fundir o cobre com o estanho para produzir o bronze
Acender	Acendedor	Xangô	Pôr fogo; fazer arder
Calorificar	Calorificador	Xangô	Transmitir calor a; aquecer

Derreter	Derretedor	Xangô	Tornar líquido; fundir; amolecer
Endurecer	Endurecedor	Xangô	Tornar duro, rijo, forte
Equilibrar	Equilibrador	Xangô	Pôr em equilíbrio; proporcionar, compensar, contrabalançar
Expedir	Expedidor	Xangô	Remeter ao seu destino; despacho; promulgar; proferir
Explodir	Explodidor	Xangô	Rebentar com estrondo
Faiscar	Faiscador	Xangô	Lançar faíscas
Flamejar	Flamejador	Xangô	Lançar chamas, arder; brilhar, lançar raios luminosos
Graduar	Graduador	Xangô	Dividir em graus; ordenar em categorias; regular
Incendiar	Incendiador	Xangô	Inflamar-se, excitar-se
Purificar	Purificador	Xangô	Tornar puro; limpar, isentar
Reforçar	Reforçador	Xangô	Tornar mais forte
Sextavar	Sextavador	Xangô	Talhar em forma hexagonal; dar seis faces a

Orixá Fatoral Feminino da Justiça Divina

8.8- O Orixá Fatoral Feminino da Justiça Divina possui muitas funções na Criação e aqui destacamos as Funções Energizadora e Consumidora.

A Função Energizadora tem a finalidade de distribuir a energia divina original para toda a Criação, mas nos padrões ideais para cada plano da vida, para cada forma de vida e para sua condensação ideal em cada faixa vibratória, adequando-a para as mais variadas finalidades.

Em Olorum a energia obedece ao princípio da unidade, mas, ao ser exteriorizada, ela vai assumindo tantas finalidades que é impossível identificar e nomear todas elas.

Então foi preciso reunir por suas irradiações suas finalidades, estabelecendo uma classificação pelos Princípios e Sentidos, que, se não é a ideal, no entanto nos permite identificar a Irradiação e o Sentido em que atuam em nosso benefício, assim como na manutenção do equilíbrio energético dos meios e dos seres que neles vivem e evoluem.

Assim, para um melhor entendimento da função energizadora e do trabalho realizado pela energia em seus infinitos padrões, nós a nomeamos desta forma:

Função Energizadora do Sentido da Fé; do Amor; do Conhecimento; da Justiça; da Lei; da Evolução e da Geração.

Essas funções são exercidas por meio das sete irradiações divinas e têm as finalidades de manter em níveis ideais as cargas energéticas de cada criação exteriorizadas por Olorum.

A importância da função energizadora é superior à nossa capacidade de estendê-la, porque ela abrange desde o micro até o macrocosmo.

Mas, além dessa função fundamental para o equilíbrio energético da criação, esse Orixá Fatoral Feminino da Justiça Divina tem outra função, que também é fundamental.

Função Consumidora: essa função tem a finalidade de consumir todos os acúmulos energéticos negativos que se cristalizaram, criando desequilíbrios energéticos desestabilizadores dos meios ou dos seres que neles vivem e evoluem.

A Função Consumidora é exercida por meio de feixes de ondas vibratórias incandescidas que tanto envolvem quanto penetram as condensações energéticas nocivas e as elevam a uma temperatura altíssima, vaporizando-as e consumindo-as.

A Função Consumidora exercida pelo Orixá Fatoral Feminino da Justiça Divina atua o tempo todo na Criação, que está sujeita às energias geradas e irradiadas o tempo todo tanto pelos seres quanto pelos elementos formadores dos meios onde eles vivem e evoluem.

Imaginem se não houvesse essa função consumidora dos excessos energéticos acumulados nos meios onde os seres vivem.

Imaginem o lixo produzido diariamente em todo o planeta acumulando-se dentro ou fora das casas, nas ruas e terrenos.

A crosta planetária estaria putrefata e imprópria para a vida da maioria de suas formas.

Somem à coleta e reciclagem do lixo doméstico e industrial a coleta e tratamento dos esgotos e terão uma noção da importância da função purificadora exercida por esse Orixá Feminino do Fogo.

Suas vibrações consumidoras alcançam toda a Criação, desde o primeiro até o sétimo plano; desde o macro até o microcosmo.

As funções divinas têm de ser bem compreendidas pelos umbandistas, porque são elas que definem o que é denominado o "axé" de um Orixá.

O axé de um Orixá é formado pela soma de suas funções divinas, exercidas o tempo todo por ele, bastando-nos entrar em sintonia vibratória mental e espiritual com ele para nos beneficiarmos de seu axé ou suas funções divinas.

E, ainda que não saibamos quantas funções são exercidas simultaneamente por cada um deles que são em si mistérios de Olorum, no entanto, as poucas que já conhecemos são suficientes para demonstrar suas grandezas divinas.

Assim, sabendo de algumas funções de cada Orixá, facilita a obtenção do auxílio que podem nos dar em caso de necessidade.

O nome que o Orixá Fatoral Feminino da Justiça Divina recebeu aqui no plano material é Orixá Oroiná.

Salve Oroiná!

OROINÁ

VERBO	FATOR	ORIXÁ	AÇÃO
Afoguear	Afogueador	Oroiná	Pegar fogo a; queimar
Aquecer	Aquecedor	Oroiná	Tornar quente, entusiasmar, excitar
Ajuizar	Ajuizador	Oroiná	Torna a pessoa mais ajuizada, menos emotiva
Consumir	Consumidor	Oroiná	Gastar, destruir, extinguir, absorver
Energizar	Energizador	Oroiná	Capacita a pessoa de uma carga energética espiritual maior, fortalecendo-a
Escandescer	Escandescedor	Oroiná	Fazer em brasa
Fundir	Fundidor	Oroiná	Derreter, liquefazer
Incandescer	Incandescedor	Oroiná	Tornar candente

5º PAR DE ORIXÁS FATORAIS: DA LEI MAIOR

8.9- O Orixá Fatoral Masculino da Lei Maior possui muitas funções, entre as quais destacamos a Função Ordenadora e a Potencializadora.

A Função Ordenadora tem a finalidade de ordenar a Criação e a tudo e todos que nela vivem e evoluem.

A ordem é um princípio divino e em Olorum tudo é ordenado rigorosamente, rigor este que Ele impôs à sua Criação, desde o primeiro até o sétimo plano da vida e a todas as formas de vida exteriorizadas, assim como aos meios onde os seres vivem e evoluem.

É a existência da Função Ordenadora que impede que o caos aconteça nos meios ocupados por muitas formas de vida e com tantas criaturas ou seres de uma mesma espécie, semelhantes, mas não iguais.

Mas, além dessa Função Ordenadora, destacamos aqui a Função Potencializadora, responsável por potencializar toda a Criação Divina.

O que denominamos por "nossa força interior" se deve à Função Potencializadora exercida pelo Orixá Fatoral Masculino da Lei Maior, que nos envia continuamente uma vibração potencializadora de nossa "força de vontade" ou força interior, auxiliando-nos a suplantarmos os obstáculos que paralisam nossa evolução.

Tudo tem seu potencial, que apenas precisa ser colocado em ação para realizar algo em benefício da Criação.

Possuímos nossos potenciais, que nos permitem realizar ações maravilhosas e, quando precisamos aumentar nossa força interior e a potência de nossas iniciativas, é a esse Orixá que devemos nos dirigir.

Ele, por ser a própria onipotência divina manifestada na forma de um Orixá por Olorum, é em si a própria força ou potência divina da Lei Maior.

Aqui, na Terra, o Orixá Fatoral Masculino da Lei Maior recebeu o nome de Orixá Ogum.

Ogum

VERBO	FATOR	ORIXÁ	AÇÃO
Abarcador	Abarcoador	Ogum	Abranger
Abarrancador	Abarrancoador	Ogum	Armar barrancas em
Abarreirar	Abarreiroador	Ogum	Cercar, entrincheirar
Abrir	Abridor	Ogum	Desunir; descerrar
Agrilhoar	Agrilhoador	Ogum	Prender com grilhões; encadear
Aguçar	Aguçador	Ogum	Tornar agudo; adelgaçar na ponta
Ajuntar	Ajuntador	Ogum	Convocar; reunir
Alargar	Alargador	Ogum	Tornar largo ou mais largo

Alongar	Alongador	Ogum	Fazer longo ou mais longo; estender-se
Alternar	Alternador	Ogum	Fazer suceder repetida e regularmente
Amarrar	Amarrador	Ogum	Segurar com amarras; atar; ligar fortemente
Ampliar	Ampliador	Ogum	Tornar amplo; alargar; dilatar
Amputar	Amputador	Ogum	Cortar; restringir; eliminar
Aprumar	Aprumador	Ogum	Pôr a prumo; endireitar
Arrancar	Arrancador	Ogum	Desapegar com força; desarraigar; destruir, extirpar
Arregimentar	Arregimentador	Ogum	Organizar em regimento; enfileirar, associar
Circunvalar	Circunvalador	Ogum	Cingir com fossos, valados ou barreiras
Clivar	Clivador	Ogum	Cortar de acordo com a clivagem
Confinar	Confinador	Ogum	Limitar, circunscrever, demarcar, encerrar, enclausurar
Controlar	Controlador	Ogum	Exercer o controle de
Convergir	Convergedor	Ogum	Tender, concorrer, afluir ao mesmo ponto

Coordenar	Coordenador	Ogum	Dispor em certa ordem; organizar, arranjar, ligar, ajuntar por coordenação
Demarcar	Demarcador	Ogum	Traçar, extremar, delimitar
Demolir	Demolidor	Ogum	Destruir, deitar por terra, arrasar, arruinar, aniquilar
Derrocar	Derrocador	Ogum	Derribar, destruir, arrasar
Desembaraçar	Desembaraçador	Ogum	Livrar de embaraço; desimpedir, desenredar
Desobstruir	Desobstruidor	Ogum	Desimpedir, destravancar, desembaraçar
Devastar	Devastador	Ogum	Assolar, arruinar, destruir, despovoar
Dobrar	Dobrador	Ogum	Multiplicar por dois, duplicar, fazer dobras, vergar
Dominar	Dominador	Ogum	Ter autoridade ou poder sobre; conter, reprimir, abranger, ocupar, tomar
Duplicar	Duplicador	Ogum	Dobrar
Embargar	Embargador	Ogum	Pôr embargo a; reprimir, conter, impedir, perturbar, enlear
Embarreirar	Embarreirador	Ogum	Meter em barreira
Embater	Embatedor	Ogum	Produzir embate, choque

Emblemar	Emblemador	Ogum	Indicar, designar
Embolar	Embolador	Ogum	Guarnecer de bolas as hastes
Emparedar	Emparedador	Ogum	Encerrar entre paredes; enclausurar
Encadear	Encadeador	Ogum	Prender com cadeia; agrilhoar, ligar
Encaminhar	Encaminhador	Ogum	Mostrar o caminho a; guiar, conduzir, dirigir
Enrijecer	Enrijecedor	Ogum	Tornar rijo, duro, forte, robusto
Entranqueirar	Entranqueirador	Ogum	Fortificar com tranqueiras; fortificar-se
Escudar	Escudador	Ogum	Cobrir, defender com escudo; cobrir-se
Estandartizar	Estandartizador	Ogum	Reduzir a um só tipo, modelo, norma
Extinguir	Extinguidor	Ogum	Apagar; amortecer; gastar, dissipar
Extirpar	Extirpador	Ogum	Arrancar pela raiz; extinguir, destruir
Fechar	Fechador	Ogum	Cerrar, unir ou ajuntar; tornar fixo por meio de chave; aldrava ou tranca; tapar, cercar, encerrar, rematar, acabar

Firmar	Firmador	Ogum	Fazer firme, seguro, fixo
Forjar	Forjador	Ogum	Trabalhar com forja; fabricar, invejar, Engendrar
Fortalecer	Fortalecedor	Ogum	Tornar forte, guarnecer
Fracionar	Fracionador	Ogum	Partir, dividir em frações, fragmentos
Fragmentar	Fragmentador	Ogum	Dividir, fazer em fragmentos, quebrar
Fremir	Fremidor	Ogum	Bramir, gemer, bramar, rugir; vibrar, tremer
Furar	Furador	Ogum	Fazer furo, buraco ou rombo em; romper, abrir caminho, penetrar
Hierarquizar	Hierarquizador	Ogum	Organizar, segundo uma ordem hierárquica
Inibir	Inibidor	Ogum	Proibir, impedir, embaraçar
Integralizar	Integralizador	Ogum	Integrar, completar
Laminar	Laminador	Ogum	Reduzir a lâminas; chapelar
Matinar	Matinador	Ogum	Despertar, conservar desperto; adestrar
Mensurar	Mensurador	Ogum	Determinar a medida de; medir

O Desdobramento dos Orixás Originais

Ordenar	Ordenador	Ogum	Pôr por ordem; regular. Dispor; determinar; conferir
Orientar	Orientador	Ogum	Determinar; dirigir; encaminhar; nortear
Potencializar	Potencializador	Ogum	Tornar potente; reforçar
Quebrar	Quebrador	Ogum	Reduzir a pedaços; fragmentar
Reformar	Reformador	Ogum	Formar novamente; reconstruir, reorganizar
Reger	Regedor	Ogum	Governar, administrar, dirigir
Regular	Regulador	Ogum	Sujeitar a regras; regrar; dirigir; moderar, reprimir; regularizar
Reproduzir	Reprodutor	Ogum	Tornar a produzir; imitar, copiar, renovar-se
Reter	Retedor	Ogum	Segurar, ter firme; deter, conter, refrear
Romper	Rompedor	Ogum	Partir, despedaçar, estragar, rasgar; abrir à força
Trancar	Trancador	Ogum	Frechar, segurar, travar com tranca, prender, enclausurar
Transferir	Transferidor	Ogum	Deslocar; fazer passar; ceder

Orixá Fatoral Feminino da Lei Maior

8.10- O Orixá Fatoral Feminino da Lei Maior possui, entre suas muitas funções, as de direcionar e de movimentar tudo e todos na Criação.

Sua Função Direcionadora tem a finalidade de estabelecer a direção de cada criação exteriorizada por Olorum.

Cada forma de vida tem uma direção específica que a conduz para realizar suas finalidades na Criação.

Não existe uma só forma de vida que não possua sua direção, que a impulsiona.

Função Movimentadora:

A Função Movimentadora exercida pelo Orixá Fatoral Feminino da Lei maior tem a finalidade de estabelecer os movimentos, tanto em nível macro quanto microcósmico, sendo que cada criação de Olorum, seja ela animada ou inanimada, possui seu movimento específico.

E, mesmo a matéria, que parece não possuir movimento algum, os átomos que a formam estão em movimento contínuo.

Nossa respiração movimenta o ar, nossa circulação movimenta o sangue, nossa digestão movimenta os alimentos ingeridos, nossos membros locomotores nos colocam em movimento, nosso pensar movimenta ideias, etc.

Enquanto a Função Direcionadora indica o rumo, a Função Movimentadora coloca tudo em movimento.

A importância dessas funções é tão abrangente que elas se fazem presentes em tudo e em todos na Criação Divina, funções estas exercidas pelo Orixá Fatoral Feminino da Lei Maior, Nomeada aqui na Terra como Orixá Iansã.

IANSÃ

VERBO	FATOR	ORIXÁ	AÇÃO
Acelerar	Acelerador	Iansã	Aumentar a velocidade de
Adstringir	Adistringidor	Iansã	Apertar; cerrar; ligar
Aerificar	Aerificador	Iansã	Reduzir a estado gasoso

Agitar	Agitador	Iansã	Mover com frequência; mexer em diversos sentidos
Ajular	Ajulador	Iansã	Sotaventar; lançar para trás; abater
Alambrar	Alambrador	Iansã	Cercar com fios
Anzolar	Anzolador	Iansã	Dar forma de anzol
Apertar	Apertador	Iansã	Comprimir; estreitar; resumir; abreviar
Aplicar	Aplicador	Iansã	Adaptar, sobrepor, empregar, encaminhar, destinar
Arrastar	Arrastador	Iansã	Levar de rastos, levar à força, puxar, conduzir
Arrebatar	Arrebatador	Iansã	Tirar com violência; arrastar; impelir
Circular	Circulador	Iansã	Percorrer à roda; rodear, cercar, girar
Derivar	Derivador	Iansã	Desviar de seu curso; fazer provir, originar-se, manar, correr, decorrer, passar
Desdobrar	Desdobrador	Iansã	Estender, abrir (o que estava dobrado), fracionar ou dividir

Dissipar	Dissipador	Iansã	Fazer desaparecer, dispersar, desfazer
Distribuir	Distribuidor	Iansã	Dar, levar, dirigir, espalhar
Efervescer	Efervescedor	Iansã	Entrar em efervescência
Eletrizar	Eletrizador	Iansã	Excitar a propriedade elétrica de
Emalhar	Emalhador	Iansã	Prender ou colher em malhas de rede
Emparelhar	Emparelhador	Iansã	Pôr de par a par; jungir; tornar igual; rivalizar
Encrespar	Encrespador	Iansã	Tornar crespo; frisar; encaracolar, levantar-se, agitar-se
Enraiar	Enraiador	Iansã	Pôr os raios a
Enredar	Enredador	Iansã	Prender, colher em rede
Espalhar	Espalhador	Iansã	Separar a palha de; dispersar, esparzir
Espiralar	Espiralador	Iansã	Subir em espiral; tomar a forma de espiral
Fulminar	Fulminador	Iansã	Ferir com o raio
Fusionar	Fusionador	Iansã, Egunitá e Oxum	Fazer a fusão de; fundir, amalgamar

O Desdobramento dos Orixás Originais

Girar	Girador	Iansã	Andar à roda ou em giro; mover-se circularmente; circular; vaguear em
Impelir	Impelidor	Iansã	Empurrar, arremessar, dirigir com força para algum lugar
Laçar	Laçador	Iansã	Prender com laço; atar; enlaçar
Lançar	Lançador	Iansã	Atirar com força; arremessar
Ligar	Ligador	Iansã	Atar, prender com laço
Mobilizar	Mobilizador	Iansã	Dar movimento a; pôr em movimento, circulação
Movimentar	Movimentador	Iansã	Dar movimento; agitar, mover
Rarear	Rareador	Iansã	Tornar rarefeito, menos denso;
Remover	Removedor	Iansã	Mover novamente; afastar; transferir, demitir
Revolver	Revolvedor	Iansã	Volver muito, agitar, remexer, misturar, girar
Tecer	Tecedor	Iansã	Entrelaçar, fazer (teias), urdir, tramar, trançar; entabular
Tremular	Tremulador	Iansã	Mover, agir, vibrar, agitar

6º PAR DE ORIXÁS FATORAIS: DA EVOLUÇÃO
Orixá Fatoral Masculino da Evolução.

8.11- O Orixá Fatoral Masculino da Evolução possui muitas funções, entre as quais destacamos a Função Transmutadora e a Função Regeneradora.

A Função Transmutadora tem a finalidade de proporcionar aos meios e aos seres as condições ideais para que possam avançar em suas evoluções.

A matéria está sujeita a transmutações.

Nós, os espíritos humanos, estamos sujeitos a transmutações, ora elas acontecem em nível consciencial, ora em nível emocional; ora em nível físico, ora em nível espiritual, etc.

A matéria é o resultado de uma série de transmutações ocorridas com a energia original emanada por Olorum.

Já a Função Regeneradora, exercida pelo Orixá Fatoral Masculino da Evolução, tem a finalidade de restabelecer as propriedades originais de cada criação e de regenerar o que nelas sofreu degenerações, retirando delas suas condições ideais de vida e de existência.

A função transmutadora e a regeneradora são fundamentais para a criação divina, em contínuo crescimento, alterações e movimento.

O Orixá Fatoral Masculino da Evolução, aqui na Terra, é conhecido como Orixá Obaluaiê, Orixá da cura.

OBALUAIÊ

VERBO	FATOR	ORIXÁ	AÇÃO
Alterar	Alterador	Obaluaiê	Modificar; mudar
Drenar	Drenador	Obaluaiê	Enxugar (um terreno) por meio de drenagem, drenar
Elaborar	Elaborador	Obaluaiê	Modificar, convertendo em diversas substâncias, fazer
Embastecer	Embastecedor	Obaluaiê	Tornar grosso, espesso, fazer-se denso

Encurvar	Encurvador	Obaluaiê	Tornar curvo, emborcar, dobrar-se
Evoluir	Evoluidor	Obaluaiê - Nanã	Envolver-se, evolucionar
Flexibilizar	Flexibilizador	Obaluaiê	Tornar flexível
Sanear	Saneador	Obaluaiê	Tornar são, habitável ou respirável, curar, sarar, sanar
Sedimentar	Sedimentador	Obaluaiê	Formar sedimento
Transmutar	Transmutador	Obaluaiê - Nanã	Transformar, converter, transferir

Orixá Fatoral Feminino da Evolução.

8.12- O Orixá Fatoral Feminino da Evolução tem muitas funções, entre as quais destacamos a Função Amadurecedora e a Decantadora.

A Função Amadurecedora tem a finalidade de estabelecer para cada Criação exteriorizada por Olorum de um período de amadurecimento, de maturação e aperfeiçoamento para que, aí sim, amadurecidos, possam passar de um estado para outro.

Já a Função Decantadora tem a finalidade de, por decantação, retirar dos meios e dos seres os excessos adquiridos no decorrer de suas evoluções.

Decanta-se a emotividade, o instintivismo, a pressa, o açodamento, as incertezas, as angústias, os sofrimentos, permitindo a tudo e a todos que durante seus amadurecimentos sejam livrados das sobrecargas que poderão alterar suas propriedades originais ou distorcer suas qualidades, afloradas durante o período de maturação.

O Orixá Fatoral Feminino da Evolução recebeu aqui na Terra o nome de Orixá Nanã Buruquê, Orixá da idade, da razão, da maturidade e da anciência.

NANÃ

VERBO	FATOR	ORIXÁ	AÇÃO
Abrejar	Abrejador	Nanã	Converter em brejo
Açudar	Açudador	Nanã	Represar por açude
Amadurecer	Amadurecedor	Nanã	Desenvolver a maturidade nas pessoas
Decantar	Decantador	Nanã	Passar cautelosamente um líquido de um vaso para outro; purificar
Encharcar	Encharcador	Nanã	Converter em charco; alagar
Evoluir	Evoluidor	Obaluaiê – Nanã	Envolver-se, evolucionar
Transmutar	Transmutador	Obaluaiê – Nanã	Transformar, converter, transferir

7º PAR DE ORIXÁS FATORAIS: DA GERAÇÃO
Orixá Fatoral Feminino da Geração.
8.13- O Orixá Fatoral Feminino da Geração, entre suas muitas funções, possui a Função Geradora e a Fluidificadora.

A Função Geradora tem a finalidade de dotar todas as formas de vida da capacidade de se reproduzirem e se perpetuarem na Criação.

É o Orixá Fatoral Feminino Regulador da reprodução das formas de vida exteriorizadas por Olorum.

Mas essa sua função não se limita apenas às formas de vida, porque até o "nascimento" de novas estrelas obedece a uma ordem rigorosa que conduz à geração de novos corpos celestes.

A reprodução das células de nosso corpo é regulada por esse Orixá fatoral, assim como a geração de um novo ser humano aqui no plano material é regulada por ele.

A outra função que destacamos é a fluidificadora, que tem a finalidade de regular um dos três estados da energia e da matéria, que é o estado líquido.

Essa função regula a fluidificação de cada criação exteriorizada por Olorum e dá "fluidez" a tudo e a todos, desde que se submetam às condições ideais para que ela aconteça.

A fluidez dos fatores e posteriormente das partículas energéticas encontradas nos estados posteriores da Criação é que permite que a energia original emanada por Olorum avance pelos planos da vida até que alcance o lado material da Criação e dê formação às substâncias e à matéria em seus estados, ou seja, sólidas, líquidas e gasosas.

Enfim, a importância das funções de cada Orixá não se limita apenas ao lado material da Criação, porque elas são exercidas o tempo todo por eles nos sete Planos da Vida.

Elas são fundamentais para o todo e para cada uma de suas partes, desde as maiores até as menores.

O Orixá Fatoral Feminino da Geração, aqui na Terra, recebeu o nome de Orixá Iemanjá.

IEMANJÁ

VERBO	FATOR	ORIXÁ	AÇÃO
Adiamantar	Adiamantador	Iemanjá	Ornar com diamante
Aguar	Aguador	Iemanjá	Regar; borrifar com água
Alastrar	Alastrador	Iemanjá	Cobrir com lastro; cobrir espalhando; cobrir enchendo
Ancorar	Ancorador	Iemanjá	Lançar âncora; fundear; basear; estribar
Baldear	Baldeador	Iemanjá	Passar de um para outro lado, atirar, arremessar, molhar, aguar

Emperlar	Emperlador	Iemanjá	Pôr pérola em; dar forma de pérola
Encanoar	Encanoador	Iemanjá	Fazer-se côncava, imitando a forma de uma canoa
Estrelejar	Estrelejador	Oxalá e Iemanjá	Estrelar-se, começar a encher-se de
Fluidificar	Fluidificador	Iemanjá	Tornar fluido; diluir-se
Gerar	Gerador	Iemanjá	Criar, procriar, dar origem ou existência a, produzir, desenvolver, causar, lançar de si
Liquefazer	Liquefazedor	Iemanjá	Reduzir a líquido; derreter
Maleabilizar	Maleabilizador	Iemanjá	Dar maleabilidade a

Orixá Fatoral Masculino da Geração.

8.14- O Orixá Fatoral Masculino da Geração possui e exerce muitas funções na Criação, entre as quais destacamos as Funções Estabilizadora e Paralisadora.

A Função Estabilizadora tem a finalidade de gerar e irradiar para toda a Criação uma vibração estabilizadora, vibração esta que conserva as propriedades originais das criações de Olorum.

Sempre que algo ou alguém alcança seu ponto de equilíbrio, imediatamente recebe uma imantação estabilizadora que lhe permitirá um longo período de estabilidade para, a partir daí, desenvolver seu potencial e colocá-lo em ação.

A Função Estabilizadora se faz presente desde os átomos, sempre estáveis e possíveis de ser identificados, estudados e nomeados, justamente porque se mantêm inalteráveis até as galáxias.

Já em nível abstrato, a estabilidade do "estado de consciência" é o que permite aos seres evoluírem continuamente e desenvolverem suas qualidades e seu potencial mental.

O Desdobramento dos Orixás Originais

A função estabilizadora é fundamental para a Criação de Olorum, assim como o é para cada forma de vida, que pode se reproduzir e se multiplicar sem perder suas propriedades originais, que as distinguem e as individualizam em meio a tantos semelhantes.

A Função Paralisadora tem a finalidade de paralisar todos os processos geradores que venham a se degenerar e se desvirtuar, tanto em suas propriedades quanto em suas qualidades.

Mas ela não se aplica apenas à paralisação dos processos criacionistas que sofram distorções.

Não mesmo!

Ela se aplica a tudo e a todos na Criação Divina, impondo um limite para todos.

Ela atua além de nossa compreensão e é capaz de paralisar até as coisas classificadas como abstratas, tais como a consciência, o emocional e o instinto, etc., degenerados.

O Orixá Fatoral Masculino da Geração, aqui no plano material, recebeu o nome de Orixá Omolu.

OMOLU

VERBO	FATOR	ORIXÁ	AÇÃO
Abolar	Abolador	Omolu	Dar forma de bola
Acumular	Acumulador	Omolu	Amontoar; pôr em cúmulo
Adormecer	Adormecedor	Omolu	Fazer dormir; causar sono
Afundar	Afundador	Omolu	Meter no fundo; meter a pique
Agonizar	Agonizador	Omolu	Afligir; penalizar
Amontoar	Amontoador	Omolu	Dar forma de monte
Ceifar	Ceifador	Omolu	Cortar, cegar
Chavear	Chaveador	Omolu	Fechar à chave
Consolidar	Consolidador	Omolu	Tornar sólido, firme, estável, tornar permanente

Decompor	Decompostador	Omolu	Separar os elementos componentes de; analisar, corromper, estragar, alterar, modificar
Definhar	Definhador	Omolu	Tornar magro; murchar; secar; consumir-se aos poucos
Eivar	Eivador	Omolu	Contaminar, infetar, decair, rachar-se
Encavar	Encavador	Omolu	Abrir cava em; escavar
Encovar	Encovador	Omolu	Meter em cova; enterrar; tornar encovado
Encurtar	Encurtador	Omolu	Tornar curto, diminuir; abreviar, resumir
Enxugar	Enxugador	Omolu	Secar a umidade de; secar-se
Esburacar	Esburacador	Omolu	Fazer buracos em
Escaveirar	Escaveirador	Omolu	Descarnar a (caveira); transformar em caveira
Escoar	Escoador	Omolu	Deixar escorrer; coar; sumir-se
Esgotar	Esgotador	Omolu	Tirar até a última gota; secar; haurir; consumir, gastar
Estabilizar	Estabilizador	Omolu	Estabelecer
Estagnar	Estagnador	Omolu	Impedir que corra (um líquido); paralisar, tornar inerte

O Desdobramento dos Orixás Originais

Estancar	Estancador	Omolu	Impedir que corra (um líquido); vedar, deter; pôr fim a; exaurir, esgotar
Esterilizar	Esterilizador	Omolu	Tornar estéril; tornar inútil
Evazar	Evazador	Omolu	Tornar oco; vazar; brocar
Extenuar	Extenuador	Omolu	Esgotar as forças a; debilitar, enfraquecer, exaurir
Filtrar	Filtrador	Omolu	Coar; fazer passar por filtro; inocular ou instilar
Flagelar	Flagelador	Omolu	Açoitar; bater com disciplina; atormentar, afligir
Foicear	Foiceador	Omolu	Meter a foice; ceifar; foiçar
Fraturar	Fraturador	Omolu	Provocar fratura em; partir qualquer osso de;
Incinerar	Incinerador	Omolu	Reduzir a cinzas; perder o ardor, o fogo
Insensibilizar	Insensibilizador	Omolu	Tornar insensível
Neutralizar	Neutralizador	Omolu	Declarar neutro, anular, inutilizar, destruir, tornar inertes
Paralisar	Paralisador	Omolu	Tornar paralítico; entorpecer; suspender, neutralizar

Rebaixar	Rebaixador	Omolu	Tornar mais baixo; aviltar, abater
Reprimir	Reprimidor	Omolu	Suster, conter a ação ou o movimento de sujeitar, reter
Secar	Secador	Omolu	Enxugar, tirar ou fazer evaporar a umidade; esgotar, estancar

ORIXÁ EXU

Verbos – Funções
Exu*

VERBO	FATOR	ORIXÁ	AÇÃO
Abacinar	Abacinador	Exu	Tirar a claridade, escurecer
Abafar	Abafador	Exu	Sufocar
Abirritar	Abirritoador	Exu	Diminuir a sensibilidade de
Acornar	Acornador	Exu	Dar forma de corno
Acunhear	Acunheador	Exu	Dar forma de cunha
Agarrar	Agarrador	Exu	Prender com garra; segurar; apanhar
Agostar	Agostador	Exu	Agostar a planta; murchar
Aluir	Aluidor	Exu	Abalar; arruinar; prejudicar; ameaçar ruína; cair; desmoronar-se

* Para a compreensão do Orixá Exu recomendamos a leitura do livro de nossa autoria denominado *Orixá Exu,* Madras Editora.

Amontoar	Amontoador	Exu	Pôr em montão; juntar em grande quantidade
Anavalhar	Anavalhador	Exu	Dar forma de navalha; ferir com navalha
Apagar	Apagador	Exu	Extinguir; fazer desaparecer; escurecer; deslustrar
Apartar	Apartador	Exu	Desunir; separar
Apimentar	Apimentador	Exu	Temperar com pimenta; tornar picante; estimular
Apresar	Apresador	Exu	Capturar, apreender, tomar com presa
Argolar	Argolador	Exu	Prender com argolas
Arpoar	Arpoador	Exu	Ferir, riscar com arpão
Atrofiar	Atrofiador	Exu	Causar atrofia a; tolher, acanhar, não deixar; desenvolver, mirrar
Bifurcar	Bifurcador	Exu	Separar, abrir em dois ramos; dividir-se em duas partes
Bloquear	Bloqueador	Exu	Pôr bloqueio a; cercar, sitiar
Capear	Capeador	Exu	Esconder com capa; encobrir, ocultar

Confundir	Confundidor	Exu	Fundir juntamente ou de mistura; pôr em desordem, confusão, humilhar, envergonhar
Copiar	Copiador	Exu	Fazer a cópia de; reproduzir, imitar
Danificar	Danificador	Exu	Causar dano a; deteriorar, estragar
Debilitar	Debilitador	Exu	Tornar débil; enfraquecer
Deformar	Deformador	Exu	Alterar a forma de; alterar
Degenerar	Degenerador	Exu	Perder mais ou menos o tipo e as qualidades de sua geração; abastardar-se, corromper-se; modificar-se para
Desencadear	Desencadeador	Exu	Soltar, desatar, desunir, excitar, irritar, sublevar
Desmanchar	Desmanchador	Exu	Desfazer, descompor, desarranjar
Desnortear	Desnorteador	Exu	Desviar do norte, do rumo, desorientar
Distanciar	Distanciador	Exu	Pôr distante, afastar, apartar

Embaraçar	Embaraçador	Exu	Causar embaraço a; obstruir, estorvar
Empecer	Empecedor	Exu	Prejudicar, impedir, estorvar, obscurecer, ofuscar
Encapar	Encapador	Exu	Meter ou envolver em capas
Empenar	Empenador	Exu	Torcer-se; deformar-se; fazer torcer, entortar
Enlabirintar	Enlabirintador	Exu	O mesmo que alabirintar
Entortar	Entortador	Exu	Tornar torto; dobrar, recurvar
Enlodaçar	Enlodaçador	Exu	Converter em lodo
Entravar	Entravador	Exu	Travar, embaraçar, obstruir
Entrevar	Entrevador	Exu	Tornar paralítico; meter em trevas, escurecer, entenebrecer
Entupir	Entupidor	Exu	Obstruir, tapar; entulhar
Enturvar	Enturvador	Exu	Tornar turvo; turvar
Envolver	Envolvedor	Exu	Cobrir enrolando, enrolar, embrulhar, abranger, implicar
Escachar	Escachador	Exu	Fender, separar, abrir à força; escancarar, alargar

Esconder	Escondedor	Exu	Ocultar; encobrir; tapar; encobrir
Esfacelar	Esfacelador	Exu	Causar esfacelo a; arruinar-se, desfazer-se
Fisgar	Fisgador	Exu	Agarrar com fisga; apanhar, prender
Ganchar	Ganchador	Exu	Agarrar com ganchos
Garfar	Garfador	Exu	Revolver ou rasgar com garfo
Iludir	Iludidor	Exu	Causar a ilusão a; enganar, lograr, frustrar
Inclinar	Inclinador	Exu	Desviar da verticalidade; dar obliquidade a; desviar da linha reta
Inverter	Invertedor	Exu	Voltar, virar em sentido oposto
Isolar	Isolador	Exu	Separar dos objetos circunvizinhos
Navalhar	Navalhador	Exu	O mesmo que anavalhar
Negativar	Negativador	Exu	Tornar negativo
Obstruir	Obstruidor	Exu	Tapar, fechar, entupir
Ocultar	Ocultador	Exu	Não deixar ver; encobrir; esconder

O Desdobramento dos Orixás Originais 183

Opor	Opositor	Exu	Pôr defronte de; objetar; ser contrário a
Segmentar	Segmentador	Exu	Dividir em segmento
Segregar	Segregador	Exu	Pôr de lado; separar; expelir, isolar
Separar	Separador	Exu	Desunir, apartar, dividir, isolar
Tranqueirar	Tranqueirador	Exu	Pôr tranqueira em; atravancar
Trifurcar	Trifurcador	Exu	Dividir em três ramos ou partes
Trincar	Trincador	Exu	Cortar, partir com os dentes; morder, picar, mastigar
Tumulizar	Tumulizador	Exu	Tumular, sepultar
Vigorizar	Vigorizador	Exu	Dar vigor a; fortalecer; vigorar

Orixá Pombagira*

VERBO	FATOR	ORIXÁ	AÇÃO
Abraçar	Abraçador	Pombagira	Envolver com os braços
Agoniar	Agoniador	Pombagira	Causar agonia; aflição a
Almejar	Almejador	Pombagira	Desejar com ânsia

---

* Para a compreensão do Orixá Pombagira recomendamos a leitura do livro de nossa autoria denominado *Orixá Pombagira,* Madras Editora.

Apaixonar	Apaixonador	Pombagira (Mahor Yê)	Causar paixão a; contristar; penalizar; afligir-se; magoar-se
Apatizar	Apatizador	Pombagira (Mehor Yê)	Tornar apático
Aprazer	Aprazedor	Pombagira	Causar prazer, ser agradável, agradar, contentar-se, deliciar-se
Desaglomerar	Desaglomerador	Pombagira	Separar (o que estava aglomerado)
Desagregar	Desagregador	Pombagira	Desunir, separar, arrancar
Empanar	Empanador	Pombagira	Cobrir de panos; embaciar, tirar o brilho a; impedir, encobrir, esconder
Encadear	Encadeador	Pombagira	Deslumbrar, ofuscar, fascinar, alucinar
Enganar	Enganador	Pombagira	Fazer cair em erro; seduzir; induzir a erro
Enovelar	Enovelador	Pombagira	Dobrar, fazer em novelo; enroscar, enrolar, emaranhar
Esmaecer	Esmaecedor	Pombagira	Desmaiar; perder a cor; esmorecer; perder o vigor

O Desdobramento dos Orixás Originais

Estimular	Estimulador	Pombagira	Excitar, incitar, animar, encorajar
Esvaecer	Esvaecedor	Pombagira	Desvanecer, desfazer, dissipar
Excitar	Excitador	Pombagira	Ativar a ação de; estimular, animar; despertar, avivar
Extasiar	Extasiador	Pombagira	Causar êxtase, enlevo a; encantar
Incitar	Incitador	Pombagira	Instigar, mover, impelir; provocar, desafiar; estimular
Oscilar	Oscilador	Pombagira	Balançar-se, mover-se alternadamente em sentidos opostos; vacinar, hesitar
Rendar	Rendador	Pombagira	Guarnecer de renda
Rendilhar	Rendilhador	Pombagira	Ornar de rendilhas
Seduzir	Sedutor	Pombagira	Fazer cair em erro; iludir
Sensualizar	Sensualizador	Pombagira	Tornar sensual; incitar aos prazeres sensuais

Capítulo 21

Os Orixás Fatorais

Sobre os Orixás originais, vimos que em Olorum são Seus princípios criadores e geradores, que, quando foram exteriorizados, o foram como Suas manifestações divinas, fato esse que nos permite afirmam que eles são os primeiros a ser manifestados por Ele.

Após manifestar os sete Orixás originais e "assentá-los" no plano divino como Seus manifestadores diretos é que Olorum deu início à exteriorização de Suas criações.

Mas, porque as formas de vidas, ao serem exteriorizadas, adquiririam individualidade e gênero, o mesmo fez Olorum com os sete Orixás originais e desdobrou o que neles apenas existia no estado potencial, fazendo surgir no primeiro plano da vida sete pares de Orixás fatorais.

Os sete pares são identificados, nomeados e classificados pelos gêneros e funções que exercem na Criação.

Cada par forma uma irradiação divina mantenedora da Criação e de todas as formas de vidas exteriorizadas por Olorum.

Foi sob as irradiações desses sete pares de Orixá fatorais que o Divino Criador Olorum deu início à exteriorização de todas as formas de vidas criadas e geradas em Seu lado interno, onde eles existiam apenas em estado potencial, como princípios divinos, tal como a semente de uma espécie de planta a contém em si, mas somente no estado potencial, porque, para ela vir a existir como tal, precisa ser plantada em solo fértil, deve ser aguada e protegida das intempéries.

A unidade existente em Olorum se manifesta em sua Criação e, da forma que é em seu lado interno, também o é em seu lado externo, tanto para a vida em sua forma humana quanto na forma vegetal, etc.

Todos precisam dos meios ideais para cada forma de vida e de cuidados especiais para germinarem, nascerem, crescerem, frutificarem e se multiplicarem.

A única diferença é que cada espécie precisa de seu meio e de seus cuidados específicos.

Apenas isso, porque o processo, em si, é o mesmo ou único.

Pois bem! O fato é que esses sete pares de Orixá fatorais existem no mundo manifestado desde o início da Criação Divina, anterior a tudo que possamos imaginar.

E foi por meio deles que a Criação começou a tomar forma e começou a ser formada por meio deles... e por eles, que são em si os poderes realizadores de Olorum, exteriorizados justamente para regularem-na, tanto como um todo coeso quanto cada parte desse todo, desde as menores até as maiores.

Nós, os seres humanos, apenas sabemos sobre nossa espécie a partir de uns 10 mil anos para cá.

E apenas sabemos sobre as espécies de vida que aqui já existiram a partir dos fósseis encontrados pelos geólogos e paleontólogos.

Mas não sabemos, de verdade, quando teve início a formação de nosso planeta; quanto tempo ela durou; quantas transformações já ocorreram no decorrer das eras geológicas, assim como não sabemos como surgiu a vida aqui.

E não sabemos como surgiu uma única forma de vida, seja ela animal, vegetal ou de insetos, anfíbios, ofídios, de aves, etc.

Reflita, amigo leitor!

Veja se nós, os seres humanos, com nossa ciência já bem desenvolvida atualmente, descobrimos como surgimos aqui na Terra ou se descobrimos como surgiram as moscas, as baratas, os escorpiões.

Não descobrimos, não é mesmo?

Não sabemos se a vida surgiu de forma espontânea ou foi transportada de outro planeta para cá, assim como ainda não sabemos (até o momento em que este livro está sendo escrito, 2014) se existe vida em outros planetas, não é mesmo?

Mas existe um conhecimento muito grande sobre tudo isso nos planos, nas esferas e nas faixas vibratórias mais elevadas, conhecimento esse que não é transmitido para os espíritos que vivem nos níveis inferiores, e muito menos para os que encarnam aqui na Terra.

Quanto às religiões, com datas de fundação recentes, mesmo que tenham sido fundadas há 6 mil ou 7 mil anos, o que podem dizer sobre como surgiu a vida na Terra?

Como alguma delas pode arvorar-se em "proprietária" do Divino Criador, se formas anteriores e mais arcaicas de adorá-Lo já existiram antes de elas terem sido criadas por pessoas insatisfeitas com as formas anteriores?

O tronco religioso judaico-cristão-islamita, aqui em acordo com suas datas de fundação, está todo fundamentado em uma visão de insatisfação com as outras formas de se cultuar o Divino Criador Olorum, que nelas recebeu outros nomes, e nada mais.

Já o culto a Olorum e aos Orixás, surgido na África também há milhares de anos, não se fundamentou em insatisfações com cultos anteriores, e sim fundamentou-se na observação atenta dos poderes sobrenaturais e da natureza e de como eles se mostram a partir do mundo natural e de como atuam em nosso benefício e de como eles deixam de nos beneficiar.

Os fundamentos e os cultos são diferentes; o que é semelhante é a fé e a religiosidade, fundamentadas na existência de um plano divino e outro sobrenatural, com ambos podendo intervir e atuar a nosso favor ou não.

Os fundamentos de umas são mentais e abstratos e o de outras são naturais e concretos, e o de outras são uma soma de fundamentos mentais, abstratos, naturais e concretos como é a Umbanda, que somou o que há de mais próximo "da verdade" existente nas outras!

A Umbanda não é sincrética, cruzada, cristã, branca, preta, iniciática, esotérica ou popular, e sim ela é a soma do que mais se distingue e é útil às pessoas existentes nas outras.

Quem entender isso terá compreendido a essência fundamental da Umbanda. E quem não entender como ela é vai passar o tempo todo em busca de sua essência e não a encontrará.

Portanto, se ela é uma soma do que é mais útil nas outras religiões, então precisa possuir uma forma só sua, de acordo com o tempo atual, de ensinar Deus e suas divindades, de ensinar Olorum e os Orixás, fundamentando-os tanto na forma abstrata ou mental quanto na forma concreta ou natural.

Na forma abstrata ou mental os descrevemos como poderes divinos em si mesmos que podem ser alcançados por meio de nossa mente, de nosso pensamento e de nossos sentimentos de fé, amor, louvor e adoração.

Na forma concreta ou natural os descrevemos como forças da natureza identificadas com determinadas regiões ou pontos de forças, que são seus santuários ou locais onde podem ser realizados os cultos de adoração e louvor a eles.

Assim como a forma abstrata ou mental nos fornece os meios de acessos a eles, tais como as rezas, as orações, os cantos, as invocações, os ritos, as concentrações, as louvações e o direcionamento mental de suas ações divinas em nosso benefício.

A forma concreta ou natural nos fornece outros meios de acessos a eles, tais como as imagens, os altares, as firmezas, os assentamentos, as obrigações, os recolhimentos, as oferendas, os instrumentos de poder, os pontos de forças da natureza, as magias, etc.

Tanto a forma mental quanto a natural são válidas e aceitas pelos poderes divinos cultuados nas muitas religiões, sendo que em algumas as duas formas se fazem presentes.

A Igreja Católica Apostólica Romana começou com a forma abstrata ou mental, mas com o tempo incorporou a forma concreta ou natural, revestindo-a de toda uma religiosidade cristã, e substitui as imagens ou totens "pagãos" por ícones religiosos cristãos, dando origem às imagens e aos adereços sacros próprios.

Já a vertente protestante, surgida muito tempo depois, optou apenas pela forma abstrata ou mental e dispensou o uso de imagens e adereços sacros cristãos.

Mental ou natural, abstrato ou concreto são apenas formas de se fazer a mesma coisa, que é o ato de louvar Deus, o Divino Criador Olorum.

Pois bem! A Umbanda adotou as duas formas, e quem gosta da forma mental pode vivenciar sua religiosidade por meio do culto "interior" dos poderes divinos, culto esse que se realiza a partir do íntimo dos seres.

Já os que gostarem da forma natural podem vivenciar suas religiosidades por meio do culto exterior, realizado nos pontos de forças da natureza, nos centros com a incorporação de seus guias espirituais, etc.

Essas duas formas são realizadoras porque na base divina da Umbanda estão o Divino Criador Olorum, os sete Orixás Originais e os 14 Orixás

Fatorais dando sustentação a ela e aos seus seguidores, independentemente de todos saberem disso ou não.

O fato é que, independentemente do conhecimento já disseminado no plano material, mais conhecido por uns e menos por outros, os poderes divinos anteriormente citados estão amparando e conduzindo toda a Criação e todas as formas de vidas exteriorizadas por Olorum.

Quanto às religiões existentes aqui na Terra, em seu lado material, todas elas também são sustentadas por esses mesmos poderes, ainda que eles sejam explicados por meio de outros modelos de interpretação do lado divino da Criação.

Os sete pares descritos aqui não possuem nomes humanos, porque são em si mentais divinos do tamanho da Criação, com cada um possuindo sua faixa de ondas vibratórias, por meio das quais irradiam o tempo todo as energias fatorais que geram o tempo todo.

E, se nos aprofundamos no entendimento das sete irradiações, dos sete Orixás originais e dos sete pares formados com a bipolarização da Criação divina, é porque eles tiveram uma participação direta na formação do nosso planeta Terra, cuja primeira forma se encontra no primeiro plano da vida.

Sim, nosso planeta, assim como todos os outros corpos celestes existentes nesse Universo infinito, teve seu início no primeiro plano da vida, onde ele é visto e descrito por quem tem poder e capacidade para tanto, como um campo fechado "cheio" de energias fatorais, que ficam circulando dentro dele por meio de correntes energéticas poderosíssimas.

Posteriormente, de plano em plano ele surgiu no plano espiritual e deu início à sua "materialização", ocupando um espaço nesse Universo infinito.

A forma como tudo se realizou não é conhecida, porque foi um processo comandado pelo plano divino e realizado pelos Orixás regentes do sexto plano, denominado "Plano Natural da Criação", sendo que os Orixás também são classificados e nomeados como "naturais".

Retomando o comentário sobre os Orixás Fatorais, são eles que nos acolhem quando somos exteriorizados por Olorum.

Eles nos protegem dentro de campos mentais criados ao nosso redor e dentro dos quais nos encontramos no estado de "centelhas vivas espirituais".

Um campo esférico criado por um par de Orixás fatorais nos retira do lado interno da Criação e nos conduz ao seu lado externo, no primeiro plano da vida, onde permanecemos por um longo tempo, no estado de "centelhas mentais", durante o qual nossa "herança genética divina" se cristaliza e nos permite avançarmos para o segundo plano da vida, denominado "essencial".

Todo esse processo evolutivo está muito bem descrito no livro de nossa autoria, denominado *Gênese Divina de Umbanda,* e aqui não vamos repeti-lo, assim como não vamos tornar a descrever os sete planos da vida já comentados nesse mesmo livro.

Aqui, iremos nos limitar a nomear os sete planos e os Orixás que os regem e nos sustentam em nossa evolução, desde o estado de uma centelha até o de mentais com todos os seus potenciais já desenvolvidos.

Capítulo 22

Olorum e os Orixás

No decorrer dos milênios, muitas religiões foram fundadas por pessoas inspiradas, sendo que em cada uma Deus recebeu um nome devido à língua falada por seus fundadores.

E o mesmo aconteceu com os sagrados Orixás, que já receberam os mais diversos nomes de seus adoradores, que falam línguas diferentes.

Mas existe um nível superior de interpretação de nosso Divino Criador Olorum e dos Sagrados Orixás. Vamos a ele:

Na origem de tudo, encontra-se Olorum ou Olodumarê, o Divino Criador e Senhor absoluto de toda a Criação e de tudo que nela existe, porque tudo proveio Dele.

Em Sua primeira manifestação Ele criou os Sete Planos da Vida, para nela abrigar sua Criação divina.

Em Sua segunda manifestação Ele exteriorizou de Si e como Seus manifestadores divinos externos os Sete Orixás Originais, que são, cada um em si, uma exteriorização do Divino Criador e por isso são denominados Divindades-Mistérios de Olorum.

Cada um desses sete Orixás originais, por serem em si mesmos Mistérios de Olorum, após serem exteriorizados, desdobram-se ou abriram no primeiro plano da vida seus mistérios, bipolarizando-se em dois polos magnéticos bem definidos (positivo e negativo) ocupados por dois novos Orixás já diferenciados, iniciando todo um panteão divino muito bem definido, nomeado, diferenciado e possível de ser estudado.

Os sete Orixás Originais são estes:
- Orixá da Fé
- Orixá do Amor
- Orixá do Conhecimento
- Orixá da Justiça Divina
- Orixá da Lei Maior
- Orixá da Evolução
- Orixá da Geração

Esses sete Orixás Originais e indiferenciados, ao desdobrarem-se e irradiarem-se para toda a Criação, deram origem às sete Irradiações Divinas, também nomeadas desta forma:
- Irradiação da Fé
- Irradiação do Amor
- Irradiação do Conhecimento
- Irradiação da Justiça Divina
- Irradiação da Lei Maior
- Irradiação da Evolução
- Irradiação da Geração

Essas sete irradiações originais já deram origem a muitas interpretações, entre as quais temos "as Sete Linhas de Umbanda", que por sua vez já deram origem a várias interpretações.

Nossa interpretação, fundamentada no que escrevemos antes, é esta:

1ª Linha de Umbanda = Linha da Fé
2ª Linha de Umbanda = Linha do Amor
3ª Linha de Umbanda = Linha do Conhecimento
4ª Linha de Umbanda = Linha da Justiça Divina
5ª Linha de Umbanda = Linha da Lei Maior
6ª Linha de Umbanda = Linha da Evolução
7ª Linha de Umbanda = Linha da Geração

Essas mesmas sete linhas ou irradiações divinas, interpretadas por meio dos elementos formadores da natureza terrestre, são nomeadas desta forma:

- Irradiação ou Linha Cristalina
- Irradiação ou Linha Mineral
- Irradiação ou Linha Vegetal
- Irradiação ou Linha Ígnea

- ✓ Irradiação ou Linha Eólica
- ✓ Irradiação ou Linha Telúrica
- ✓ Irradiação ou Linha Aquática

Cada uma dessas irradiações divinas, de plano em plano, chegou até o plano da matéria e deu início à formação de tudo que existe neste plano material, facilitando a identificação dos elementos regidos por cada um dos 14 Orixás que surgiram no primeiro plano da vida quando os sete Orixás originais e indiferenciados desdobraram seus mistérios originais, bipolarizando-se por meio de suas irradiações.

Voltemos a esse desdobramento!

Como tudo aconteceu de fato, não é possível saber, mas no primeiro plano da vida encontram-se os sete Orixás originais indiferenciados, porque são mistérios completos em si mesmos.

Mas também existem os Orixás fatorais já diferenciados em passivos e ativos, positivos e negativos, masculinos e femininos, radiantes e concentrador, etc., sempre formando um par para cada um dos sete Orixás originais.

Por passivo, entenda-se que suas irradiações fluem por ondas retas.

Por ativo, entenda-se que suas irradiações fluem por ondas curvas.

Por positivo, entenda-se que ocupa o polo magnético positivo de uma irradiação divina.

Por negativo, entenda-se que ocupa o polo magnético negativo de uma irradiação

Por radiante, entenda-se que suas vibrações energéticas são policromáticas.

Por concentrador, entenda-se que suas vibrações energéticas são monocromáticas.

As sete linhas de Umbanda originais são as sete irradiações dos sete Orixás originais já bipolarizadas, com um Orixá diferenciado e individualizado ocupando um polo e outro ocupando o outro polo.

Então temos isto:
1ª Linha – da Fé – Oxalá e Logunan
2ª Linha – do Amor – Oxum e Oxumaré
3ª Linha – do Conhecimento – Oxóssi e Obá
4ª Linha – da Justiça – Xangô e Oroiná
5ª Linha – da Lei – Ogum e Iansã
6ª Linha – da Evolução – Obaluaiê e Nanã Buruquê
7ª Linha – da Geração – Iemanjá e Omolu

Essas sete linhas ou irradiações divinas dão sustentação divina a todos os desdobramentos posteriores e que, no nível terra da Umbanda, fazem surgir as linhas de Orixás e as linhas espirituais regidas por eles.

Linhas de Orixás:
✓ Linha de Oxalá
✓ Linha de Oxumaré
✓ Linha de Oxóssi
✓ Linha de Xangô
✓ Linha de Ogum
✓ Linha de Obaluaiê
✓ Linha de Omolu
✓ Linha de Logunan
✓ Linha de Oxum
✓ Linha de Obá
✓ Linha de Oroiná
✓ Linha de Iansã
✓ Linha de Nanã
✓ Linha de Iemanjá

Linhas espirituais regidas pelos Orixás:
✓ Linha dos Caboclos Sete Escudos – Ogum
✓ Linha dos Caboclos Sete Flechas – Oxóssi
✓ Linha dos Caboclos Sete Montanhas – Xangô
✓ Linha dos Caboclos Sete Lírios – Oxalá
✓ Linha dos Caboclos Sete Cobras – Oxumaré
✓ Linha dos Caboclos Sete Cruzes – Obaluaiê
✓ Linha dos Caboclos Sete Folhas Secas – Omolu
✓ Linha dos Caboclos Sete Cachoeiras – Oxum
✓ Linha dos Caboclos Sete Pedreiras – Iansã
✓ Linha dos Caboclos Sete Ondas – Iemanjá
✓ Linha dos Caboclos Sete Lagoas – Nanã
✓ Linha dos Caboclos do Fogo – Oroiná
✓ Linha dos Caboclos Sete Giras – Logunan

Mas, além dessas linhas espirituais regidas pelos Orixás, existem centenas de outras, assim como há centenas de linhas espirituais de Exus da Umbanda que também são regidas por eles, sendo que todas as linhas estão relacionadas a mistérios divinos, manifestados na criação pelos sete

Orixás originais e desdobrados nos planos posteriores da criação pelos Orixás já diferenciados.

Assim como também existem centenas de linhas espirituais femininas dentro da Umbanda, tanto de Caboclas quantos de Pombagiras.

Temos linhas espirituais de Caboclos e Caboclas.
Temos linhas espirituais de Pretos e Pretas-Velhas.
Temos linhas espirituais de Baianos e Baianas
Temos linhas espirituais de Crianças: Meninos e Meninas
Temos linhas espirituais de Exus e Pombagiras
Temos linhas espirituais de Exus Mirins e Pombagiras Mirins

Temos muitas outras linhas, umas fáceis de ser interpretadas por seus nomes simbólicos e outras mais difíceis por causa do uso de nomes próprios indígenas, africanos ou em português.

Mas, se tudo na Umbanda mantém uma correspondência direta desde Olorum até os guias espirituais e seus médiuns, também identificamos por seus Orixás regentes que há uma forma de interpretarmos corretamente essa correspondência.

Ela existe sim! Vamos a ela?

Capítulo 23

O Magnetismo dos Orixás
Parte 1

Quando o Divino Criador Olorum exteriorizou de Si suas sete divindades-mistérios, Ele o fez com cada uma possuindo em si um grau vibratório e magnético só dela, distinguindo cada uma com uma existência estável, imutável, eterna e inseparável Dele.

Com cada um dos sete Orixás originais possuindo seu próprio magnetismo mental diferente dos outros seis, o que em Olorum vibrava de uma forma única em seu exterior passou a vibrar de sete formas diferentes.

O magnetismo mental de cada um dos sete Orixás originais tanto é positivo quanto negativo, mas ao se irradiar abriu dois polos magnéticos diferentes, um positivo e outro negativo, com cada um sendo ocupado por um Orixá já diferenciado e tendo o mesmo magnetismo mental positivo ou negativo e vibrando na mesma frequência que o Orixá original que nele individualizou um dos polos de seu mistério, também original.

1) Orixá Original da Fé: Em seu polo positivo ele congrega ou reúne tudo e todos. E em seu polo negativo conduz cada coisa para o seu lugar na Criação.

Já desdobrado, temos isto:

Polo Positivo – Orixá Oxalá – Congrega ou reúne tudo e todos à sua volta.

Polo Negativo – Orixá Logunan – Conduz cada coisa para seu exato lugar na Criação.

2) Orixá Original do Amor: Em seu polo positivo agrega e concebe coisas novas e em seu polo negativo dilui ou renova o que se tornou supérfluo ou envelheceu.

Polo Positivo – Orixá Oxum – agrega, liga, une e concebe as coisas.

Polo Negativo – Orixá Oxumaré – dilui o que já não serve mais e renova o que tem de continuar a existir.

3) Orixá Original do Conhecimento: Em seu polo positivo é expansor e redimensionador e em seu polo negativo é concentrador e afixador.

Polo Positivo – Orixá Oxóssi – expande, redimensiona e faz crescer.

Polo Negativo – Orixá Obá – concentra, afixa e qualifica.

4) Orixá original da Justiça Divina: Em seu polo positivo é graduador e equilibrador e em seu polo negativo é energizador e consumidor.

Polo Positivo – Orixá Xangô – gradua a temperatura das coisas criadas e devolve o equilíbrio ao que se desequilibrou.

Polo Negativo – Orixá Oroiná – energiza tudo e todos e consome o excesso de quem se sobrecarregou.

5) Orixá Original da Lei: Em seu polo positivo ordena e encaminha e em seu polo negativo direciona e movimenta.

Polo Positivo – Orixá Ogum – ordena cada coisa criada e encaminha cada um para seu devido lugar.

Polo Negativo – Orixá Iansã – direciona tudo e todos e dá movimento ao que estacionou ou paralisou.

6) Orixá Original da Evolução: Em seu polo positivo transmuta e eleva e em seu polo negativo decanta os desequilíbrios.

Polo Positivo – Orixá Obaluaiê – transmuta o estado interno das coisas criadas e as evoluciona.

Polo Negativo – Orixá Nanã Buruquê – decanta os negativismos e racionaliza.

7) Orixá Original da Geração – Em seu polo positivo é gerador e estimulador da criatividade. E em seu polo negativo estabiliza as coisas criadas e paralisa as criações que se degeneraram.

Polo positivo – Orixá Iemanjá – gera e concede a criatividade.

Polo Negativo – Orixá Omolu – estabiliza

Capítulo 24

O Magnetismo dos Orixás
Parte 2

Aqui na Terra entendemos por magnetismo a propriedade física dos ímãs que faz com que puxem para si determinadas partículas ou pequenos objetos que são afins com eles.

Servindo-se dessa propriedade magnética dos ímãs, os espíritos mentores nomearam uma propriedade divina inerente a cada um dos Orixás como seus magnetismos e que tanto atraem os seres que lhes são afins quanto repelem os que lhes são opostos.

Essa propriedade magnética divina é mental e serve para dar polaridade às coisas criadas por Olorum, sendo que as afins se unem, se ligam, se fundem gerando uma terceira coisa, etc.

As opostas se repelem, se afastam, se distanciam, se antagonizam, se anulam, mas também servem para separar tudo o que existe na Criação em magnetismos positivos e negativos.

Essa classificação obedece unicamente ao magnetismo das coisas e dos seres e não tem nada a ver com bom ou ruim, pois essa classificação foi desenvolvida por nós para diferenciarmos o que nos é benéfico do que nos é maléfico.

No estudo dos Orixás descobriu-se que Olorum exteriorizou-se de sete formas diferentes ou em sete graus magnéticos ou em sete irradiações ou em sete planos que, para sintetizar tudo, denominamos essas sete exteriorizações como Sete Mistérios Divinos Originais, sendo que são estes:

1) Mistério da Fé
2) Mistério do Amor
3) Mistério do Conhecimento
4) Mistério da Justiça Divina (ou Razão)
5) Mistério da Lei Maior
6) Mistério da Evolução
7) Mistério da Geração

Esses sete mistérios deram origem ou serviram como meio divino para Deus dar início à Sua Criação exterior.

Cada um desses sete mistérios, ao ser exteriorizado por Ele, trouxe consigo uma Divindade Mistério que tanto dá sustentação a tudo que foi criado em seu grau magnético quanto é em Si o próprio Mistério e Poder manifestado por Deus.

Esses sete mistérios, por possuírem suas Divindades, são passíveis de identificação formando uma Coroa Divina Sustentadora de tudo que existe no exterior de Deus, e cada uma recebeu um nome:

1) Orixá da Fé
2) Orixá do Amor
3) Orixá do Conhecimento
4) Orixá da Justiça
5) Orixá da Lei
6) Orixá da Evolução
7) Orixá da Geração

Esses sete Orixás ou Divindades Mistérios, por serem exteriorizações diretas de Olorum, nem são masculinos nem são femininos, não são positivos ou negativos porque são indiferenciados.

Mas, por trazerem seus magnetismos, ao irradiarem-se o fizeram de forma bipolarizada, gerando, a partir de cada um, duas hierarquias divinas já diferenciadas em masculina e feminina, em positiva e negativa, irradiante e concentradora, etc.

Essa bipolarização dos sete Orixás originais aconteceu no primeiro plano da vida denominado Fatoral e gerou sete pares de Orixás denominados Fatorais e que são esses:

1) Orixá da Fé	Oxalá
	Logunan
2) Orixá do Amor	Oxum
	Oxumaré

3) Orixá do Conhecimento Oxóssi
                          Obá

4) Orixá da Justiça   Xangô
                          Oroiná

5) Orixá da Lei   Ogum
                          Iansã

6) Orixá da Evolução   Obaluaiê
                          Nanã

7) Orixá da Geração   Iemanjá
                          Omolu

Essa bipolarização obedece aos magnetismos específicos de cada um dos Orixás e faz com que surjam na Criação sete irradiações bipolarizadas que são descritas com muitos nomes, mas que, na Umbanda, recebem o nome de Sete Linhas.

As Sete Linhas de Umbanda são bipolarizadas e cada Orixá ocupa nelas seu polo magnético, distinguindo-o por suas funções na Criação, tais como Polo Magnético Positivo da Irradiação ou Linha da Geração, ocupado por Iemanjá.

Polo Magnético Negativo da mesma Irradiação ou Linha, ocupado por Omolu.

Função de Iemanjá como Mistério em si mesma: Gerar a Vida no exterior de Olorum.

Função de Omolu como Mistério em si mesmo: paralisar todas as coisas geradas que entraram em desequilíbrio.

Estudando esses dois Orixás por meio dos elementos que formam aqui no plano material seus Pontos de Força ou Santuários Naturais, vemos Iemanjá associada à água e Omolu associado à terra.

Observamos que nas sete Irradiações um diferencia-se do outro pelo elemento, mas devemos entender a complementaridade existente tanto entre suas funções quanto entre seus elementos, pois onde algo gerado entra em desequilíbrio seu polo oposto imediatamente paralisa o processo de degeneração de algo gerado por ela.

Estudando-os pelos elementos formadores da natureza terrestre, vemos que água e terra são complementares, pois onde um termina o outro começa; onde um torna árido o outro umidifica; onde um gera algo o outro dá sustentabilidade para que o que foi gerado desenvolva-se e adquira estabilidade.

Se estudarmos esses dois Orixás por seus magnetismos (gerador / paralisador), vemos que formam um par perfeito, pois caso o Mistério Gerador de Iemanjá não tenha em seu outro polo um magnetismo paralisador que interrompa ou paralise momentaneamente sua capacidade de gerar continuamente, com certeza a Criação entraria em desequilíbrio porque algo que começasse a ser gerado não pararia nunca mais de sê-lo e sobrecarregaria de tal forma o meio onde estaria sendo gerado, afetando tudo mais que ali existisse.

Portanto, as bipolarizações das Sete Linhas de Umbanda não são puramente por elementos, e sim por funções na Criação, porque os magnetismos dos 14 Orixás Fatorais podem ser opostos (positivo/negativo), mas são complementares entre si.

Portanto, devemos entender esse magnetismo dos Orixás como fundamentais para a estabilidade da Criação Divina desde o macro até o microcosmo porque encontramos essa diferenciação magnética até em nós.

Observe isto:

- Oxalá é o espaço e Logunan é o tempo
- Oxum é a agregação e Oxumaré é a diluição
- Oxóssi é expansor e Obá é concentradora
- Xangô é a temperatura e Oroiná é a energização
- Ogum é a potência e Iansã é o movimento
- Obaluaiê é a transmutação e Nanã é a decantação
- Iemanjá é a geração e Omolu é a estabilidade.

Mais uma vez, a complementariedade se mostra nas funções dos Orixás que pontificam os 14 polos magnéticos das sete Linhas de Umbanda.

Essas complementariedades são encontradas em cada um com todos os outros 13, pois se no Mistério ou função concebedora de Oxum algo que está sendo concebido desequilibrar-se em relação ao seu meio, é função de Omolu paralisar essa concepção antes que ela se complete e torne-se algo fora de controle ou em desacordo com o meio onde foi concebido.

Nesse exemplo, vemos que a função de Omolu paralisa tudo em todas as sete Irradiações e não se restringe apenas a Geração.

É preciso entender que um Orixá traz em si funções que transcendem o campo distinguido pela Irradiação onde está assentado.

Os 14 Magnetismos Divinos dos 14 Orixás assentados nas Sete Irradiações Divinas ou Sete Linhas de Umbanda sempre atuam entre si por complementariedade e um não pode fazer nada sem que os outros 13 participem também, e isso nos mostra a complexidade existente na Criação.

Portanto, quando estudamos os Magnetismos dos Orixás e suas funções divinas na Criação, começamos a compreender uma das formas de Olorum (Deus) atuar, pois se Ele é único, no entanto tudo que criou o fez servindo-se sempre de seus Sete Orixás que pontificam as Sete Linhas de Umbanda.

Capítulo 25

As Funções dos Orixás

Desde o início do culto aos Orixás pelos povos nagôs, eles foram classificados por seus campos de atuação ou qualidades, que indicavam os entrecruzamentos de forças, facilitando para seus adoradores quando estes precisavam do auxílio de algum deles.

Isso, essa forma de identificar os Orixás por algumas de suas funções e de recorrer a elas quando fosse preciso, tornou-os de fácil acesso e popularizou o culto a eles, criando laços de respeito e amor por sempre responderem aos clamores de seus adoradores.

Há alguns milhares de anos seus adoradores vêm se servindo, ora de um, ora de outro, sem que isso cause qualquer dificuldade ou embaraço ao culto como um todo, até porque, em virtude da condição de ancestrais divinos, as pessoas se apegam e se socorrem mais com seus pais e mães pessoais e apenas recorrem aos outros quando a dificuldade está bem identificada e a solução encontra-se no campo deles.

A ancestralidade divina proporciona o elo forte entre a pessoa e seu Orixá de "cabeça", o dono de seu Ori.

O conhecimento profundo sobre seu "Orixá de cabeça" é o mais procurado pela pessoa, que vai acumulando muitas informações sobre ele por meio do conhecimento já adquirido pelos mais antigos em seu culto, também denominado "nossos mais velhos".

Depois de alguns anos, a pessoa iniciada já possui tantas informações sobre seu pai ou sua mãe ancestral que está apta a recomendar que os necessitados recorram aos poderes dele (a), sendo que são auxiliadas de fato, porque, independentemente de conhecê-los ou não, os Orixás são de fato divindades e poderes assentados na Criação, amparando os seres em evolução.

Com o tempo, as pessoas selecionaram alguns identificadores fortes ou algumas funções importantes de cada um dos Orixás, denominadas de "força" ou "axé do Orixá", que é o que suas "energias" realizam quando são invocados para auxiliá-las na solução de problemas os mais variados.

Pouco a pouco, no decorrer dos tempos, todo um conhecimento bem fundamentado se condensou, cristalizou-se e passou a ser passado de geração para geração, já bem elaborado no que é chamado por "transmissão oral", o método de ensino utilizado pelos sacerdotes dos Orixás.

A transmissão oral fez com que o sacerdote, filho de um Orixá, se especializasse nele, acumulando um vasto conhecimento prático e funcional, que abrangia tudo sobre seu ancestral divino, desde suas lendas até seus entrecruzamentos com os outros Orixás, que também tinham de ser bem conhecidos por ele caso quisesse ser eficiente no auxílio prestado aos necessitados.

Ainda que não dispusessem de uma escrita no passado, no entanto, cada Orixá estava muito bem fundamentado e a transmissão oral, de "pai para filho", os perpetuou na mente e no coração de seus adoradores.

Porque nada estava escrito, quando milhares de pessoas pertencentes aos povos então denominados "nagôs" foram aprisionadas e trazidas para o Brasil, principalmente para a Bahia, todo um vasto conhecimento sobre os Orixás veio junto, dentro da cabeça de seus adoradores, muitos deles já de "cabeça feita" e detentores de "ordens de trabalho".

Por não terem uma escrita que mostrasse o grande conhecimento que possuíam, foram vistos como pessoas ignorantes e sem uma religião, passando despercebidos pelos senhores escravocratas, que não desconfiaram que tudo estava muito bem memorizado e guardado em suas mentes e que isso era suficiente para que aqui, apenas com poucos elementos de culto, tudo fosse reproduzido e o antigo culto fosse implantado dentro das senzalas.

O antigo culto não morreu, apenas passou por adaptações necessárias e continuou sendo praticado, primeiro de forma oculta ou dissimulada por trás das imagens dos santos católicos e, posteriormente, por meio das primeiras "roças", onde, ali sim, os cantos e os louvores, as rezas e as magias dos Orixás começaram a ser feitos, mostrando um culto elaboradíssimo, com um panteão amplo e bem fundamentado, surpreendendo os senhores do poder ligados à Igreja Católica, a força religiosa dominante que, com "pulso firme e mãos de ferro", mantinha-se como a religião oficial do Brasil e dos brasileiros, posto este que, ainda hoje, ostenta com orgulho, mas já é questionado pelos seguidores de outras crenças religiosas cada vez mais.

Em razão das dificuldades de adaptação, o sofrimento e a separação étnica e familiar, muitos dos Orixás que eram cultuados na antiga Nigéria pelos povos nagôs aqui deixaram de ser cultuados pela falta de sacerdotes com conhecimentos profundos e bem fundamentados sobre eles e somente alguns se tornaram populares.

Mas apenas esses poucos foram suficientes para o renascimento do culto dos Orixás, primeiro na Bahia, depois no Brasil todo, expandindo-se mais ainda após o surgimento da Umbanda no estado do Rio de Janeiro no início do século XX (1908), onde os cultos afros predominantes provinham da "África Portuguesa" (Angola, Moçambique, Guiné, Cabo Verde, etc.) e cujas línguas não eram o idioma iorubá falado pelos povos nagôs, e sim o idioma banto ou seus dialetos, já bem "aportuguesado".

Quando a Umbanda foi fundada por Pai Zélio Fernandino de Moraes (1908), o que existia no estado do Rio de Janeiro eram cultos "miscigenados" englobados no que popularmente era denominado por "Macumba", que era uma síntese ou fusão dos cultos dos povos africanos trazidos pelos colonizadores portugueses.

Só mais adiante é que sacerdotes do culto aos Orixás começaram a se estabelecer no Rio de Janeiro e a iniciar um grande número de pessoas, a maioria oriunda da "Macumba".

Nesse meio-tempo, a Umbanda também cresceu e tornou-se popular, trazendo ao público seus Caboclos, seus Pretos-Velhos, seus Exus, suas Pombagiras, seus Baianos, Boiadeiros, Marinheiros, Ondinas e Ibejis, que conquistavam facilmente quem se "consultava" com eles.

Esses guias espirituais, mesmo os que eram espíritos de "índios brasileiros", todos recomendavam aos consulentes que fizessem determinadas oferendas aos Orixás para serem ajudados na solução de seus problemas.

E alguns Orixás se tornaram muito conhecidos e amados pelas pessoas, mesmo com elas sabendo muito pouco sobre eles, pois o que importava era que eles as ajudavam quando era preciso.

• Foi injustiçado, clame por justiça a Xangô!
• Está sendo demandado, clame a Ogum!
• Está com desarmonia no casamento ou dificuldades na gestação, clame a Oxum!
• Está doente, clame a Omolu – Obaluaiê!

E assim sucessivamente com todos os outros Orixás cujos conhecimentos e fundamentos foram preservados e se tornaram populares, primeiro na Bahia e depois em todo o Brasil.

A popularização dos Orixás que aconteceu no século XX começou no estado do Rio de Janeiro, com o crescimento da Umbanda, que se espalhou rapidamente para outros estados.

Mas essa popularização dos Orixás, se facilitou o auxílio aos necessitados, no entanto deixou muitas pessoas com muitas dúvidas sobre quem eram essas divindades "nascidas" na África, na atual Nigéria, trazidas ao Brasil por seus adoradores africanos?

Esse fato deixou muitos de seus novos adoradores sem respostas e sem um conhecimento "teológico" bem fundamentado para defenderem a nova religião de Umbanda, que foi incorporando vários outros cultos já miscigenados, alguns anteriores ao seu advento, que encontraram nela uma "denominação" aceitável por todos.

Esse fato, por sua vez, tornou-a o canal universal e aberto a todos os outros cultos nativos, mas pouco expressivos ou apenas regionais que, por si sós, não conseguiam se expandir. Mas, por meio da Umbanda, foram avançando e descaracterizando a simplicidade de culto, trazida pelo Caboclo das Sete Encruzilhadas por meio do primeiro médium umbandista, o Pai Zélio de Moraes.

Hoje vemos pessoas justificando seus "cultos", surgidos antes do advento da Umbanda, afirmando que a Umbanda já existia muito antes de o Caboclo anunciar seu início e fundação em um centro espírita de Niterói.

O que existia eram cultos "miscigenados", que eram a fusão de práticas religiosas indígenas, africanas, espíritas e cristãs, mas que não se chamavam Umbanda.

Porém as pessoas, um século depois, afirmam que a Umbanda já existia, esquecendo-se de que, antes de ela crescer e se tornar popular e muito bem aceita, esses outros cultos eram inexpressivos e apenas conhecidos de seus fundadores e seus seguidores, que posteriormente passaram a denominá-los como Umbanda isso e aquilo.

Muitas dessas "umbandas" surgiram bem depois do real início dela, com os seguidores de outros cultos se "incorporando" a ela e se dizendo "umbandista de raiz tal", com cada corrente adotando uma forma diferente de ensinar os Orixás aos seus seguidores.

Capítulo 26

A Doutrina Umbandista
Parte 1

Os comentários abordando a doutrina de Umbanda estão dentro de muitos livros umbandistas escritos por diversos autores, com cada um destacando determinados temas, por causa da complexidade do assunto.

Ainda não foi possível reunir todos os aspectos dela em um único livro, tornando-o um livro de regras de conduta, obrigatório a todos os médiuns e seguidores da Umbanda.

Cremos que essa tarefa está reservada para as futuras gerações. No momento, contribuímos com nossos comentários sobre os sete princípios divinos e as leis universais, já identificadas em outras religiões, e que são aceitas pela maioria.

Os Sete Princípios são tão abrangentes que regulam os comportamentos e os procedimentos de todos os seres espirituais dotados da razão e do raciocínio. Já as espécies não dotadas desses atributos ou faculdades mentais são regidas pelo instinto de sobrevivência.

Portanto, limitamo-nos a comentar a aplicação dos princípios na vida dos seres humanos.

Saibam que cada princípio possui em si poderes de ação e de reação, sendo que as ações visam ao equilíbrio e à evolução dos seres humanos. E o poder de reação visa a reconduzir à sua linha evolucionista os que se afastaram dela.

A "reatividade" existente em cada um dos Sete Princípios não é punidora e castigadora, e sim é reordenadora, reequilibradora e recondutora dos seres às suas linhas evolucionistas.

Os princípios divinos reagem aos que os desobedecem atuando com intensidade em seus íntimos, procurando um meio de bloquear as ações negativas que desencadearão a partir de suas quedas vibratórias e de suas regressões conscienciais.

Mas, quando a atuação em nível mental não consegue demover os seres de suas intenções negativas, destrutivas e confrontadoras dos princípios, assim que eles as praticam começam as reações bloqueadoras de suas faculdades mentais.

Essas reações acontecem de várias formas, dependendo do Sentido em que o ser se desequilibrou.

Vamos aos comentários sobre os Sete Princípios Divinos que mais se destacam na Doutrina de Umbanda e que atuam na vida dos umbandistas, pois a grandeza do Divino Criador Olorum é ilimitada e o número exato de seus princípios não nos é dado saber.

PRINCÍPIO DA FÉ

Regência – Orixá original da Fé
Orixás Manifestadores e aplicadores do Princípio da Fé e das leis regidas por ele:
Orixá Oxalá – Função Congregadora.
Orixá Logunan – Função Condutora.
Sentido da Fé
Irradiação da Fé

PRINCÍPIO DO AMOR

Regência – Orixá original do Amor
Orixás manifestadores e aplicadores religiosos dos Mistérios do Princípio do Amor e de suas leis na vida dos seres:
Orixá Oxum – Função Concebedora.
Orixá Oxumaré – Função Renovadora.
Sentido do Amor
Irradiação do Amor

PRINCÍPIO DO CONHECIMENTO
Regência – Orixá original do Conhecimento
Orixás manifestadores e aplicadores religiosos dos Mistérios do Princípio do Conhecimento na vida dos seres:
Orixá Oxóssi – Função Expansora
Orixá Obá – Função Concentradora
Irradiação do conhecimento
Sentido do conhecimento

PRINCÍPIO DA JUSTIÇA DIVINA
Regência – Orixá original da Justiça Divina
Orixás manifestadores e aplicadores religiosos dos Mistérios e das Leis regidas pelo Princípio da Justiça Divina na vida dos seres:
Orixá Xangô – Função Graduadora
Orixá Oroiná – Função Energizadora
Irradiação da Justiça Divina
Sentido da Justiça Divina

PRINCÍPIO DA LEI MAIOR
Regência – Orixá original da Lei Maior
Orixás manifestadores e aplicadores dos Mistérios e das Leis religiosas pelo Princípio da Lei maior na vida dos seres:
Orixá Ogum – Função Ordenadora
Orixá Iansã – Função Direcionadora
Irradiação da Lei Maior
Sentido da Lei Maior

PRINCÍPIO DA EVOLUÇÃO
Regência – Orixá original da Evolução
Orixás manifestadores e aplicadores religiosos dos Mistérios e das Leis regidas pelo Princípio da Evolução na vida dos seres:
Orixá Obaluaiê
Orixá Nanã Buruquê
Irradiação da Evolução
Sentido da Evolução

PRINCÍPIO DA GERAÇÃO
Regência – Orixá original da Geração
Orixás manifestadores e aplicadores religiosos dos Mistérios e das Leis regidas pelo Princípio da Geração na vida dos seres:
Orixá Iemanjá
Orixá Omolu
Irradiação da Geração
Sentido da Geração

Esses são os Sete Princípios Divinos que regem a Umbanda e a vida de seus seguidores, tanto no campo religioso quanto espiritual e material.

A Criação de Olorum é infinita e não temos como descrevê-la em seu todo, mas tão somente no que já conhecemos sobre ela, que também varia de pessoa para pessoa.

Isso se deve à nossa limitação, tanto visual quanto espiritual, pois um mesmo princípio divino é aplicado sobre toda a Criação, fato esse que, em nível físico ou químico, faz com que as leis já descobertas nesses campos se apliquem aqui na Terra e em todo o Universo.

O poder de um princípio divino transcende o plano espiritual e regula a matéria em seus estados sólidos, líquido e gasoso, fazendo com que o mesmo fenômeno se repita sempre que as mesmas condições se apresentarem.

Como não temos o propósito de abordar as leis físicas e químicas e sim as leis espirituais que regulam os procedimentos dos espíritos, apenas fizemos esses comentários para fins comparativos, e nada mais.

Definindo os Sete Princípios, podemos dizer que eles são os reguladores dos procedimentos, estabelecendo leis específicas e permanentes para tudo e todos.

Quando citamos um princípio, referimo-nos a um Poder Divino que concentra em si um conjunto de leis reguladoras de tudo relacionado a ele.

Assim como aqui na Terra e em nossa sociedade temos um conjunto de leis e regras que regulam a educação, a saúde, o trabalho, a polícia, o judiciário, as forças armadas, etc., com cada uma dessas áreas tendo seu conjunto de leis que regulam o funcionamento, os procedimentos e os limites de atuação em cada uma delas, na Criação divina também é assim, mas nela os conjuntos de leis divinas de cada princípio são perfeitos, estáveis e imutáveis, e a lei que regulou a evolução do primeiro espírito humano é a mesma que regula os bilhões incontáveis que hoje vivem e evoluem neste nosso abençoado planeta.

As sociedades terrenas evoluíram e se desenvolveram moral, intelectual, artística e religiosamente. Mas as leis divinas que regulam cada um desses aspectos da vida dos seres continuam as mesmas desde o início dos tempos e não mudarão nunca.

Mudam as religiões, as épocas e as sociedades, mas as leis divinas que as regulam continuam as mesmas.

Muda o entendimento sobre o Divino Criador Olorum, sobre os Sagrados Orixás, mas não mudam as leis divinas, que regulam a vida dos seres humanos, que encontram nelas a manutenção da estabilidade e da continuidade de suas religiosidades.

Capítulo 27

Os Sentidos e os Princípios

Por sentido, deve-se entender um meio pelo qual os seres se conduzem e evoluem.

Cada sentido existe em si mesmo e flui por meio dos seres na justa medida de seu desenvolvimento mental e de acordo com seu grau evolutivo e consciencial.

Cada grau evolutivo comporta a abertura, o desenvolvimento e o aperfeiçoamento de um determinado número de faculdades mentais, com cada uma regulando um aspecto da vida dos seres.

Um sentido faculta aos seres uma evolução estável, se as leis que regulam os procedimentos relacionados a eles forem seguidos e obedecidos o tempo todo.

Se não forem, os seres deixam de evoluir, estacionam e até regridem consciencial, espiritual e moralmente, fato esse que fecha algumas de suas faculdades mentais e abre o recurso dos instintos, rebaixando o magnetismo mental a graus negativos na escala reguladora do magnetismo mental individual que cada ser traz em si e que é regido por leis divinas eternas e imutáveis.

Essas leis reguladoras se aplicam automaticamente, porque suas ações se realizam no "lado interno" dos seres, lado esse fora de seus controles.

Sim, um sentimento, seja ele positivo ou negativo, altera o íntimo do ser e causa uma reação a partir de seu lado interno, que reage automaticamente, ampliando ou bloqueando o fluir natural das energias divinas alimentadoras de suas faculdades.

Um sentimento positivo de amor ou de lealdade intensifica o fluxo de energias sustentadoras deles, ação esta que torna a aura de quem os vibrar mais intensa e luminosa.

Já um sentimento de ódio ou de inveja bloqueia o fluxo de energias divinas e isso enfraquece a aura e a luminosidade da aura de quem os vibrar.

São leis eternas e sempre foram, e assim sempre serão, seja com uma pessoa ou um animal. E, desde que as pessoas saibam que as reações aos seus pensamentos, sentimentos e ações negativas são automáticas, cremos que resistirão mais às suas alterações de humor, caráter e comportamento; elas se tornarão mais estáveis e equilibradas e menos suscetíveis às vibrações negativas que lhes chegam de seus exteriores.

Quantas são as leis que regulam cada um dos Sete Sentidos, não sabemos. Apenas identificamos algumas, que já servem muito bem para que as pessoas que as conhecerem possam se conduzir de forma equilibrada em suas evoluções, retificando a tempo os desvios de conduta e a regressão consciencial, impedindo que aflore em seus íntimos o instinto natural que as tornará muito sensíveis às suas necessidades e desejos, e insensíveis aos dos seus semelhantes.

Esse fato as torna egoístas e insensíveis, apenas preocupadas consigo mesmas e somente veem em seus semelhantes seus servidores ou seus inimigos.

Esse instinto primitivo que aflora em um ser "possuído" por um sentimento negativo, se não for contido e anulado em seu íntimo, o colocará em sintonia vibratória com quem está vibrando na mesma frequência mental, atraindo para si seus afins espirituais e encarnados.

Capítulo 28

A Doutrina Umbandista
Parte 2

A doutrina umbandista tem sido formada a partir de princípios morais e religiosos universais, já consagrados no tempo e que têm servido de base para várias outras religiões porque, depois da universalização dos Dez Mandamentos elaborados por Moisés no Judaísmo, pouco pode ser acrescentado a eles e, dos dez, nenhum pode ser suprimido.

Os dez mandamentos são estes:
1. Amar a Deus sobre todas as coisas.
2. Não usar o santo nome de Deus em vão.
3. Lembrar do dia de domingo para santificá-lo.
4. Honrar pai e mãe.
5. Não matar.
6. Guardar castidade nas palavras e obras.
7. Não roubar.
8. Não levantar falso testemunho.
9. Guardar castidade nos pensamentos e nos desejos.
10. Não cobiçar as coisas do próximo.

Dependendo da fonte consultada, eles variam nas palavras usadas para descrevê-los, mas a essência de cada um é essa, descrita anteriormente.

Os dez mandamentos formam uma base religiosa moralizadora do comportamento das pessoas e formam uma base jurídica, que tem auxílio na contenção do instintivismo primitivo da humanidade.

Muitas das outras leis canônicas judaicas e cristãs estão fundamentadas neles.

Mas, além deles, que formam um conjunto de regras morais que determinam o comportamento das pessoas, a doutrina umbandista é formada pela crença em leis espirituais, tais como:

1. Lei de Ação e Reação.
2. Lei de Causa e Efeito.
3. Lei das Afinidades.
4. Lei da Reencarnação.
5. Lei do Retorno.

A Lei de Ação e Reação determina que toda ação, seja ela boa ou má, causará uma reação em sentido contrário com os mesmos propósitos.

Assim, toda boa ação gerará uma reação benéfica para quem praticá-la.

E toda má ação gerará uma reação maléfica para quem praticá-la.

A doutrina de Umbanda também ensina que a prática de boas ações deve ser uma constante na vida dos umbandistas, e o combate permanente às más ações precisa ser o propósito de suas práticas espirituais e magísticas, que devem anular os malefícios causados por quem recorre às praticas espirituais e magísticas negativas, também conhecidas popularmente como necromancia e magia negra.

O aprimoramento moral deve ser acompanhado de um aprimoramento consciencial e do desenvolvimento íntimo de valores espirituais, tais como a fraternidade, a tolerância, a paciência, a resignação, a perseverança, o humanismo, a caridade, a concórdia e o perdão, etc.

A fraternidade – O umbandista deve desenvolver em seu íntimo o entendimento de que, se tudo foi criado por Deus, então tudo é parte da criação e, porque todos foram criados por Ele, não se justifica amar e respeitar quem nos é querido e não amar quem não faz parte de nossa vida e religião.

A fraternidade se faz presente no respeito aos nossos semelhantes, mesmo que sigam crenças religiosas diferentes da umbandista ou que tenham opiniões diferentes da nossa sobre assuntos profanos.

A tolerância deve ser aprimorada no íntimo de todos os umbandistas para que não vejam como "inferioridade" as diferenças culturais, raciais, religiosas e morais, pois tanto as leis civis quanto as religiosas mudam de povo para povo e de religião para religião.

Afinal, se cremos de fato que todos foram criados por Deus, não se justifica o racismo e o preconceito.

O umbandista não deve fazer mal juízo sobre alguém a partir da cor de sua pele, de sua preferência sexual, de seu grau de escolaridade ou de sua crença religiosa, e sim, se tiver de opinar ou fazer um juízo, somente o faça a partir das qualidades morais e do caráter de quem for objeto de seu julgamento.

Opinião ou julgamento de falta de qualidades morais ou de vícios em alguém, somente se for transmitido pessoalmente à pessoa em questão.

Quanto ao fato de não aceitarmos dentro da Umbanda ou em nosso dia a dia pessoas sem moral e caráter, não nos dá o direito de emitir opiniões e juízos pessoais sobre elas para outras pessoas, sendo que, se quisermos emiti-los, devemos nos dirigir diretamente à pessoa em questão, mas de forma pacífica e construtiva, visando à mudança íntima dela, que, se aceitar nossa opinião e juízo, ótimo!, pois começará sua reforma íntima.

Mas, se não aceitá-la e reagir de forma agressiva e desrespeitosa, com certeza mais adiante a própria vida a reformará e a tornará uma pessoa melhor.

A paciência implica não buscarmos de forma precipitada e emocional as soluções que exigem racionalismo e calma até que as soluções apareçam.

A precipitação, a impetuosidade, a ansiedade e a impaciência diante de fatos consumados não se justificam, porque não só não os alterará como poderá piorá-los ou torná-los insolúveis ou insuportáveis.

A resignação deve ser uma qualidade em todos os umbandistas, porque, diante de certos fatos, não nos resta alternativa e temos de nos resignar e dar um novo rumo à nossa vida.

A perseverança é indispensável, porque muitas vezes as dificuldades que surgem em nossas vidas fazem com que nos afastemos dos trabalhos realizados no Templo que frequentamos, tornando ainda mais difícil superar os obstáculos que nos paralisam, seja profissional, financeiro ou familiar.

Preservar em nossa fé é importantíssimo!

O humanismo é um estado de consciência que desenvolve em nosso íntimo a bondade, a compaixão e a caridade, porque anula em nosso íntimo o egoísmo, a soberba e a prepotência.

A caridade deve ser algo que brote no íntimo de cada umbandista e faça parte de seu dia a dia, porque ela pode e deve ser praticada de muitas formas, desde uma palavra amiga de consolo e de esclarecimento até na ajuda material aos menos favorecidos.

A concórdia deve ser buscada, primeiro para si, depois para aqueles que se encontram com o íntimo e a consciência em conflito.

O perdão, em seu sentido mais elevado, deve ser praticado pelo umbandista, começando por si e estendendo-se aos que em determinado momento e sob condições antagônicas nos ofenderam.

1. A LEI DE AÇÃO E REAÇÃO

Essa lei, que tanto é física quanto espiritual, nos ensina que cada uma de nossas ações desencadeará uma reação com a mesma intensidade.

Os Guias espirituais nos ensinam que todas as nossas boas ações despertarão em quem for beneficiado por elas uma reação positiva. E que todas as nossas ações negativas despertarão em quem for prejudicado por elas uma reação negativa.

Também nos ensinam e nos recomendam que façamos o bem sempre que nos for possível e que resistamos o máximo possível à prática de ações negativas, porque, assim como o bem gera mais bens, o mal gera mais males.

Também nos ensinam que uma má ação ou ação negativa somente é anulada por uma ação positiva.

2. A LEI DE CAUSA E EFEITO

Essa lei nos ensina que todos os desequilíbrios e dificuldades, sejam eles espirituais ou materiais, somente serão solucionados e resolvidos se descobrirmos e atuarmos na causa que as desencadeou na vida de uma pessoa.

Por isso, antes de iniciarmos um tratamento por meio de trabalhos espirituais ou de ações mágicas, devemos identificar muito bem o que está causando-os, senão apenas combateremos os efeitos e não solucionaremos nada, porque as causas persistirão.

3. A LEI DAS AFINIDADES

Essa lei determina que as reações aconteçam de forma equilibrada, porque não conseguimos suportar por muito tempo o que não nos é afim, uma vez que repelimos o que não nos é agradável.

Ela explica também por que as pessoas saudáveis e equilibradas espiritualmente atraem bons acontecimentos e boas "companhias" espirituais e explica por que pessoas desequilibradas espiritualmente atraem maus acontecimentos e más companhias espirituais.

Ela também explica por que uma pessoa se relaciona bem com determinada pessoa e a outra evita e até antipatiza com ela.

As atrações se estabelecem de forma natural e não há como evitá-las, senão à custa de um grande esforço.

4. A LEI DA REENCARNAÇÃO

Essa lei nos esclarece que nossa vida terrena é apenas mais uma etapa em nossa jornada evolutiva e que as várias encarnações por um mesmo espírito visam à abertura de faculdades espirituais e ao desenvolvimento e o aprimoramento de um estado de consciência elevado, em que subjugamos nosso instinto e fortalecemos a razão e nosso racional, desenvolvendo em nosso íntimo uma têmpera e um caráter estáveis, que determinam que sempre procedamos de acordo com os princípios divinos e os princípios morais que regulam os procedimentos humanos.

A reencarnação tem diversas finalidades na vida do espírito que encarnou e, se alcançadas, o conduzirão a um plano superior, no qual seu desenvolvimento mental será utilizado em seu benefício e no de seus semelhantes menos evoluídos.

5. A LEI DO RETORNO

A Lei do Retorno nos ensina que o que fazemos hoje mais adiante voltará para nós.

Ela é parecida com a Lei de Causa e Efeito, mas, nessa, uma ação nossa desencadeia uma reação em quem for alcançado por nossa ação.

Já a Lei do Retorno determina que tudo o que geramos volte para nós após cumprir seus propósitos. Como exemplo, citamos duas ações, uma positiva e outra negativa:

Ação Positiva:

Uma pessoa nos pede auxílio e fazemos um trabalho de Umbanda para ajudá-la.

Essa nossa ação, após se realizar na vida da pessoa, fica plasmada no éter e, no futuro, caso nos encontremos em uma situação difícil, ela se volta (ou se vira) para nós e começa a nos ajudar até que superemos nossas dificuldades.

Ação Negativa:

Uma pessoa, porque se sentiu ofendida por outra, recorreu aos seus conhecimentos de magia negativa e faz um trabalho de kimbanda contra ela, que será atingida de uma forma ou de outra.

Essa ação negativa, mesmo que tenha sido cortada posteriormente pela pessoa vitimada por ela, ficará plasmada no éter e, mais cedo ou mais tarde, retornará para a pessoa que a desencadeou.

Existe um princípio divino que determina que tudo que alguém gerar e tornar ativo na Criação lhe "pertence", seja algo bom ou ruim, útil ou nocivo, agradável ou desagradável, etc.

Esse Princípio Divino é um dos determinadores da Lei do Retorno, porque faz com que cada uma de nossas ações fique registrada em nosso campo mental.

Resumindo, tudo o que gerarmos e colocamos em ação nos pertence, seja no campo religioso, seja no magístico.

Capítulo 29

Os Princípios Umbandistas

A Umbanda tem em sua doutrina um conjunto de princípios divinos que, se devidamente estudados, nos revelam uma base religiosa reguladora de nossas práticas mediúnicas e fundamentadora de nossa religiosidade aparentemente politeísta, mas porque é monoteísta.

Para compreender como esses princípios são aplicados, temos de desenvolver comentários sobre cada um dos já conhecidos por nós e que são estes:

- **Princípio da Fé**
- **Princípio do Amor**
- **Princípio do Conhecimento**
- **Princípio da Justiça Divina**
- **Princípio da Lei Maior**
- **Princípio da Evolução**
- **Princípio da Geração**

Cada um desses princípios é em si um poder divino que determina um dos Sentidos da Vida.

Também, cada um deles atua sobre toda a Criação por meio de vibrações divinas, gerando o que denominamos por "Sete Irradiações Divinas" ou "Sete Linhas de Umbanda".

I- O Princípio da Fé atua sobre os seres regulando a religiosidade deles, sempre estimulando no íntimo de cada um os sentimentos regidos pelo Sentido da Fé, tais como: a crença, a convicção, a resignação, a paciência, a fraternidade, a bondade, a misericórdia, a compaixão, a confiança, etc.

Cada um desses sentimentos e os aqui não citados nos colocam em um estado elevado de consciência e virtuosismo, sendo que o exercício deles em nosso dia a dia nos torna úteis e benéficos para as pessoas que convivem conosco, seja na família, no trabalho ou no centro que frequentamos.

II- O Princípio do Amor atua sobre os seres regulando a conceptividade deles, estimulando no íntimo de cada ser os sentimentos regidos pelo Sentido do Amor, tais como: a bondade, o carinho, a afetividade, o amparo, a harmonia, etc.

III- O Princípio do Conhecimento atua sobre os seres regulando o aprendizado deles, estimulando no íntimo de cada ser os sentimentos regidos pelo Sentido do Conhecimento, tais como: a criatividade, a curiosidade, o questionamento, a busca de soluções, etc.

IV- O Princípio da Justiça atua sobre os seres regulando no íntimo deles as qualidades regidas pelo Sentido da Justiça, tais como: a capacidade, o bom senso, a preparação, a legitimidade, o respeito, a razão, o equilíbrio, a têmpera, etc.

V- O Princípio da Lei atua sobre os seres regulando no íntimo deles as qualidades regidas pelo Sentido da Lei, tais como: a lealdade, a retidão, a fidelidade, o senso de direção, a moral, o caráter, o profissionalismo e a proteção.

VI- O Princípio da Evolução atua sobre os seres regulando no íntimo deles as qualidades regidas pelo Sentido da Evolução, tais como: a maturidade, a sapiência, a adaptabilidade, o senso do auxílio, o socorro, a fraternidade, etc.

VII- O Princípio da Geração atua sobre os seres regulando no íntimo deles as qualidades regidas pelo Sentido da Geração, tais como: a maleabilidade, a criatividade prática, o senso de família, a paternidade, a maturidade, a produtividade.

Os princípios divinos fluem por meio das vibrações divinas emitidas para toda a Criação pelas Sete Irradiações Divinas.

Cada uma delas atua nos seres pelo sentido correspondente, estimulando no íntimo de cada um o desenvolvimento de suas faculdades mentais e o aprimoramento de suas qualidades morais.

É importante salientar que o ser é trabalhado como um todo e que o desenvolvimento pleno de uma de suas faculdades provoca alterações conscienciais, ampliando o virtuosismo e o humanismo em todos os sete sentidos.

Também é preciso salientar que, por trás de cada um dos sete Princípios Divinos existe uma Divindade, que é em si um mental divino do tamanho da Criação que o rege e o irradia para toda a Criação, e o aplica na vida de cada ser.

Dentro do estudo teológico umbandista nos é ensinado que cada uma dessas divindades regentes e aplicadoras desses Sete Princípios é um Orixá, denominado "Orixá Original", e que a atuação deles em nossas vidas e evoluções se realiza em nível consciencial, alimentando "por dentro" nossas faculdades mentais, auxiliando-nos na abertura, no desenvolvimento e aprimoramento delas, desenvolvendo em nosso íntimo um estado de consciência elevado e virtuoso, fato esse que racionaliza nosso instinto natural e estabiliza nosso emocional, tornando-nos aptos a lidar com problemas de difícil solução ou até insolúveis.

É preciso que as pessoas entendam que os Princípios Divinos atuam em nós visando ao nosso benefício, nossa evolução e aperfeiçoamento consciencial. E que, quando estamos alinhados com as Sete Irradiações, a evolução acontece de forma pacífica e agradável.

Mas, quando estamos desalinhados em relação a elas, nossa evolução é turbulenta e desagradável.

Inclusive, em razão do desalinhamento acentuado ou até das inversões de polaridades magnéticas mentais, pode acontecer de o ser regredir consciencialmente e acentuar de forma incontrolável o "instinto" e a emotividade, entregando-se aos mais variados vícios da matéria, fato esse que desenvolve no mental de um ser assim um estado de consciência negativo que lhe acarreta muitos dissabores, além de desenvolver "vícios de personalidade", tais como: intolerância, egoísmo, inveja, ciúme, soberba, ganância, insensibilidade, descrença, exibicionismo, prepotência, etc.

O desenvolvimento de um estado de consciência negativo desencadeia na vida do ser negativado a reação dos princípios mantenedores da vida e do equilíbrio dos seres.

Esse fato coloca o ser em questão em choque com os poderes mantenedores da Criação e da evolução dos seres.

Os choques são as reações às suas ações, classificadas como negativas e desequilibradoras da vida de seus semelhantes.

Além disso, à medida que o estado de consciência se negativa e se acentua, o mental da pessoa em questão entra em sintonia vibratória com as esferas e as faixas vibratórias negativas correspondentes, das quais, por afinidade mental e eletromagnética, a pessoa começa a atrair ondas vibratórias transportadoras de energias em padrões negativos alimentadores dos sentimentos também negativos vibrados continuamente por ela.

E isso acarreta outras consequências, tais como: exposição espiritual a tudo que existe nessas esferas e faixas; exposição a espíritos que regrediram consciencialmente e procuram desesperadamente se ligar às pessoas para vampirizá-las energeticamente; vulnerabilidade diante de espíritos inimigos retidos nas faixas vibratórias negativas humanas, que são verdadeiras prisões de espíritos enlouquecidos, dementados, vingativos, obsessores, degenerados, etc.

A reatividade acontece em regiões astrais correspondentes aos desequilíbrios internos já cristalizados em "estado de consciência" das pessoas em questão.

Assim, se uma pessoa se desequilibrou no Sentido da Fé graças à afronta direta aos princípios específicos reguladores da religiosidade dos seres, a reação virá das regiões astrais onde são recolhidos os espíritos das pessoas que regrediram no Sentido da Fé.

Se a regressão aconteceu no Sentido do Amor, a pessoa em desequilíbrio entra em sintonia vibratória mental com as regiões astrais onde estão retidos pela lei maior os espíritos que regrediram no Sentido do Amor.

E assim ocorre com as pessoas que se desequilibram nos outros Sentidos e ficam expostas às ações de seus afins espirituais e a tudo que existir nas regiões às quais se expuseram.

Faz-se necessário todos saberem que o Divino Criador Olorum não pune ninguém, somente coloca (por meio de "mecanismos" mentais existentes no mental de todos os seres) cada um em sintonia vibracional direta com as regiões astrais e com os espíritos que lhes forem afins.

E aqui já estamos entrando nos domínios da Lei das Afinidades, que tem por função estabelecer as ligações dos seres com as regiões astrais que vibram nas mesmas frequências de seus sentimentos íntimos.

Capítulo 30

A Lei das Afinidades

Esta lei divina regula as ligações mentais e espirituais estabelecidas o tempo todo pelos espíritos e pelas pessoas.

As ligações acontecem entre espíritos, entre pessoas, e entre espíritos e pessoas, sempre em função dos sentimentos íntimos vibrados intensamente e que alteram o magnetismo mental, seja dos espíritos ou das pessoas.

O mental dos seres possui um magnetismo "oscilatório", que tanto se eleva quanto se rebaixa e tanto se desloca para a esquerda quanto para a direita, etc.

Existe dentro do mental de cada ser uma "Escala Eletromagnética" graduada em graus positivos e negativos, à esquerda e à direita, a nordeste e a sudoeste, a noroeste e a sudeste, assemelhando-se a um octógono subdividindo em graus ou faixas vibratórias eletromagnéticas.

São denominadas eletromagnéticas justamente porque, se o magnetismo oscila para cima, ele coloca automaticamente o ser em sintonia vibratória com a esfera e a faixa vibratória espiritual humana correspondente.

Ou seja: Se uma pessoa possui um magnetismo mental estável e classificado como grau dois positivo (+ 2), o espírito dela está exposto à segunda esfera e à segunda faixa vibratória espiritual humana positiva, das quais somente receberá energias positivas e ele somente se ligará a espíritos também positivos, possuidores de um grau de consciência positivo e muito benéfico para quem se ligar a eles.

Mas, se a pessoa oscilar para baixo e cristalizar seu magnetismo mental no grau dois negativo (- 2), então entrará automaticamente em sintonia vibratória com a segunda esfera e com a segunda faixa vibratória humana negativa e ficará exposta ao que nelas existe e lhe são prejudiciais, porque a carga energética que receberá será negativa, assim como também serão negativas as ligações que se estabelecem automaticamente com os espíritos que regrediram ao grau vibratório mental menos dois (-2).

Esses exemplos descritos são para mostrar o que acontece com as pessoas e os espíritos que deixam de ser amparado pelos Princípios Divinos após o desenvolvimento de um estado de consciência negativo.

As ligações afins se estabelecem automaticamente, inclusive com espíritos que estão vibrando na mesma frequência.

Parte Final

Olorum, o Divino Criador

A teogonia umbandista mostrou-se confusa por causa das correntes que se formaram dentro da religião.

Mas, no início, todas as religiões têm essa dificuldade. Porém, à medida que amadurecem e desenvolvem conceitos próprios, vão definindo e assumindo seu curso natural.

Hoje, com a revelação dos fatores de Deus, podemos interpretar as nossas divindades segundo nossa visão e oferecer a todos os novos adeptos algo muito bem definido no campo teológico.

Vamos definir o nosso panteão e o seu regente supremo, que é Olorum (Olodumarê), o nosso divino Criador.

Olorum, o Senhor Supremo

Olorum é uma contração de Olodumarê, o Criador.

Todas as religiões, mais ou menos elaboradas, apontam para um Criador Supremo e anterior às divindades criadas por Ele e distribuídas por toda a sua criação.

Isso não é privilégio de uma ou de outra religião.

Para nós, umbandistas, Olorum é Deus e é o princípio de tudo.

Se para as religiões judaica e cristã o nome de Deus é Iavé ou Jeová, para nós é Olorum.

Olodumarê, em yorubá, quer dizer: *Olo* (senhor); *Odu* (destino); *Marê* (supremo) = Senhor Supremo do Destino.

Já sua contração Olorum: *Olo* (senhor); *Orun* (o além, o alto, o céu) = O Senhor do Céu.

Olorum é o Senhor do Céu, é o senhor supremo do destino e é o princípio de tudo, inclusive dos Orixás, que são os concretizadores da sua criação e a administram.

A ciência divina nos revela que Olorum é o princípio criador e que está na origem de tudo; é o meio pelo qual tudo se realiza e se concretiza.

Olorum gerou em si seus mistérios e os individualizou nas suas divindades distribuindo-as por toda a sua criação.

Essas divindades (os Orixás) estão presentes em todos os eventos originais da criação e estão em tudo o que esses eventos geraram.

Olorum é, em si mesmo, os princípios masculino e feminino indiferenciados porque sua natureza divina é impenetrável e em um nível da criação não há diferenciação alguma porque tudo se torna uno, indivisível e indissociável.

Mas se em um nível da criação tudo é uno e Olorum é a unidade original, após esse nível o que é uno começa a nos mostrar a dualidade macho-fêmea, ativo-passivo, irradiante-concentrador, positivo-negativo, etc.

• A dualidade macho-fêmea faz surgirem Orixás masculinos e femininos.

• A dualidade ativo-passivo faz surgirem Orixás masculinos e femininos dinamizadores dos processos criativos e Orixás sustentadores de tudo o que esses processos criativos geram.

• A dualidade irradiante-concentradora faz surgirem Orixás cujas vibrações mentais são saturadas de fatores (axé) indispensáveis a tudo o que foi criado (os irradiantes). Já os concentradores, suas vibrações mentais saturadas dos seus fatores destinam-se aos seres, às criaturas e às espécies (vivas ou inanimadas) e têm por função acelerar ou desacelerar os eventos (gerativos, criativos, equilibradores, ordenadores, etc.).

• A dualidade positivo-negativo faz surgirem os magnetismos coletivos ou individuais. Os positivos sustentam os processos criativos e os negativos retificam os processos que vierem a se degenerar.

Esse dualismo "exterior" de Olorum inexiste em seu interior porque ele é uno e não compartilha com mais ninguém essa sua unidade.

Mas por não compartilhá-la com ninguém, só Ele gera em si suas qualidades divinas e as distribui aos seus Orixás, sendo que uns são puros e não compartilham com mais nenhum outro o seu mistério, seu fator e seu poder original.

Como exemplo da unidade de Olorum, individualizada nos seus Orixás, temos:

• Oxalá é seu mistério da fé e podemos classificá-lo como a oniquerência de Olorum.

• Ogum é seu mistério da ordenação e podemos classificá-lo como a onipotência de Olorum.

- Oxóssi é seu mistério do conhecimento e podemos classificá-lo como a onisciência de Olorum.

Essa classificação da individualização das qualidades puras originais de Olorum pode ser estendida para todos os outros Orixás que mais adiante comentaremos em capítulos próprios, mas que aqui adiantamos:

- Oxalá é a qualidade congregadora de Olorum.
- Ogum é a qualidade ordenadora de Olorum.
- Oxóssi é a qualidade expanssora de Olorum.
- Xangô é a qualidade equilibradora de Olorum.
- Oxum é a qualidade conceptiva de Olorum.
- Obá é a qualidade concentradora de Olorum.
- Iansã é a qualidade direcionadora de Olorum.
- Oxumaré é a qualidade renovadora de Olorum.
- Obaluaiê é a qualidade evolucionista de Olorum.
- Omolu é a qualidade estabilizadora de Olorum.
- Iemanjá é a qualidade geradora criativista de Olorum.
- Nanã Buruquê é a qualidade racionalizadora de Olorum.
- Logunã é a qualidade condutora de Olorum.
- Oroiná (Orixá feminino do fogo) é a qualidade energizadora de Olorum.
- Exu é a qualidade vitalizadora de Olorum.
- Pombagira é a qualidade estimuladora de Olorum.

Aqui, vimos dezesseis qualidades originais de Olorum e surgiram dezesseis Orixás, sendo que os dois últimos (Exu e Pombagira) são dotados de um dualismo específico e atuam religiosamente segundo mecanismos divinos reguladores da ação dos processos originais, já que sem vitalidade e sem estímulo tudo mais ficaria paralisado, mas sem ser desvitalizados e desestimulados nenhum processo criativo que venha a se degenerar poderá ser paralisado.

Olorum é um poder uno e original, mas está em todas as suas divindades e em cada uma delas encontramos Sua presença e cada uma delas, por si mesma, pode nos conduzir a Ele, o nosso divino Criador e senhor do nosso destino.

Sim, cada Orixá, a exemplo dos mestres luminares Jesus e Buda, é uma via, um caminho que nos conduz a Deus.

Nenhum Orixá é inferior aos outros porque cada um deles é uma individualização e uma exteriorização, uma manifestação mesmo do divino Criador Olorum.

Tal como o cristão ou o budista dirigem-se a Jesus ou ao Buda nos seus clamores, nas preces e centram neles suas religiosidades, os umbandistas devem centrar nos Orixás ou no seu Orixá regente a sua religiosidade, suas preces, seus clamores e seus votos, pois estará agindo corretamente e suas vibrações alcançarão o todo-poderoso Deus Olorum porque cada Orixá é um manifestador divino Dele.

Não entendemos o porquê de nos chamarem de idólatras ou de politeístas se não procedemos de forma diferente da dos judeus, dos cristãos, dos islamitas, dos espíritas, etc., já que cultuamos Deus Olorum e seus Orixás, e eles cultuam Deus-Iavé, Deus-Alá, Deus-Jesus e suas cortes celestiais formadas por anjos, arcanjos, serafins, profetas, santos, etc.

Onde está a diferença?

Se politeísmo é o ato de cultuar um Deus unitário e suas divindades, que o assistem na condução dos seres, então todas as religiões da face da Terra são politeístas, porque todas seguem o mesmo modelo de construção e em absolutamente nada uma difere das outras.

Nós, umbandistas, somos classificados como politeístas pelos que nos criticam e vilipendiam porque eles se julgam membros de religiões superiores. Mas as religiões deles não são superiores à nossa.

São hipócritas mesmo, já que fazem o mesmo que nós, diferindo apenas na forma como fazem. Tudo é só uma questão de ritos, liturgia e doutrina.

Portanto, irmão umbandista, não se sinta inferiorizado porque o nome sagrado do seu Deus não é Iavé ou Jeová, não é Alá, não é Bramã ou qualquer outro dos muitos já dados ao nosso Divino Criador pelos fundadores humanos das religiões, e sim olorum.

Olorum é o senhor nosso Deus e nosso divino Criador e a tradução do seu nome yorubá para o português nos revela que ele é o Senhor do nosso destino... de nossa vida!

Ele é onisciente, onipotente, onipresente e oniquerente, já que Ele tudo sabe e todo o saber dimana Dele; Ele tudo pode e todo o poder provém Dele; Ele está em tudo e em todos porque tudo o que Ele criou, criou em Si mesmo e é em Si toda a sua criação; e todos estão Nele porque é Nele que todos fomos gerados; é oniquerente porque tudo e todos são só exteriorizações de Suas vontades e elas prevalecem em nossas vidas.

Ame Olorum com todo o seu amor; cultue-O com toda a sua fé; louve-O com todo o seu ardor; respeite-O com toda a sua reverência; ensine-O aos mais novos com todo o seu saber; manifeste-O no seu virtuosismo porque todas as virtudes derivam Dele, o Virtuoso e Generoso Criador de tudo e de todos nós.

Ele é nosso pai e pai dos nossos regentes divinos: os sagrados Orixás, os concretizadores da sua obra divina e os sustentadores divinos da nossa evolução espiritual.

O Culto Familiar a Olorum

Devemos cultuar Olorum, o nosso divino Criador, com todo o nosso amor, nossa fé, nossa reverência e nossa gratidão, porque Ele nos gerou e nos deu vida. Animou-nos com seu sopro divino e tem nos sustentado desde que, num ato de generosidade, dotou-nos com uma consciência e com o livre-arbítrio e deu a cada um de nós um destino a ser cumprido antes de retornarmos a Ele e Nele nos reintegrarmos como mais um dos seus mistérios.

Ele nos gerou e gerou o meio onde devemos cumprir nosso destino. Logo, o culto a Ele é em todos os lugares porque tudo o que existe provém Dele e está Nele.

Seu culto doméstico, e que deve ser praticado pelas famílias umbandistas, consiste nesta forma:

Estender sobre uma mesa uma toalha branca com franja rendada de cor dourada; no centro dela deve-se colocar um prato de louça totalmente branca; no centro do prato deve-se firmar uma vela branca; à volta da vela devem "polvilhar" farinha de trigo ou grãos de trigo; por cima dos grãos ou da farinha deve-se polvilhar açúcar; por cima do açúcar deve-se derramar mel; e a seguir, acender sete velas nestas cores: azul, verde, rosa, lilás, amarela, vermelha e violeta, cada uma em um pires branco, também cobertos com trigo, açúcar e mel.

Após isso feito, todos devem se sentar à volta da mesa e um dos presentes deve fazer a oração evocatória a Olorum, que trazemos a seguir.

Oração a Olorum

Olorum, senhor nosso Deus e nosso divino Criador, nós te saudamos e te louvamos neste momento de nossa vida e de nosso destino. Envolva-nos com teu poder e ilumine-nos com tua luz viva.

Tu, que a tudo geras e que estás em tudo o que gerou e está em nós, gerações tuas, fortaleça a nossa alma imortal e resplandeça nosso espírito humano, livrando o nosso íntimo, nossa mente e nossa consciência das vibrações nocivas e contrárias ao destino que reservastes para cada um de nós, teus filhos e razão da tua existência exterior.

Afastes do nosso destino os maus pensamentos, os desvirtuados sentimentos e as ações contrárias aos teus desígnios para nossa vida.

Amado Olorum, que os teus sete mistérios vivos se manifestem nestas sete velas firmadas ao redor da tua vela branca e que eles, teus manifestadores divinos e teus exteriorizadores, se assentem à nossa volta e nos cubram com suas luzes vivas e divinas, nos envolvam em suas vibrações originais e afastem da nossa vida e do nosso destino tudo o que for contrário aos teus desígnios para conosco e inundem-nos com teus eflúvios de amor e de fé, de sabedoria e de tolerância, de resignação e de compreensão, pois, só assim, amorosos e reverentes, sábios e tolerantes, resignados e compreensivos quanto à nossa vida e ao nosso destino, cumpriremos os teus desígnios para conosco e os manifestaremos através da nossa consciência, da nossa mente, dos nossos pensamentos, dos nossos atos e das nossas palavras.

Que esta minha casa seja a Tua casa e que nesta Tua casa os Teus sete mistérios se assentem e façam dela as Suas moradas humanas, pois só assim, abençoado pela Tua presença viva e sagrada e a presença viva e divina dos Teus sete mistérios vivos aqui nesta casa não haverá doenças incuráveis, fomes insaciáveis e discórdias insolúveis.

Só assim os maus e os males não encontrarão abrigo na minha morada, que é a Tua morada e a morada dos Teus mistérios vivos e divinos, os sagrados senhores Orixás.

Bênçãos!, bênçãos!, bênçãos!, senhor da nossa vida e do nosso destino!

Salve!, salve!, salve!, senhores da nossa vida e do nosso destino!

Paz e luz, amado Olorum!

Após essa oração evocatória, todos devem permanecer em absoluto silêncio por algum tempo, só mentalizando luzes e vibrando bons sentimentos.

Neste momento devem mentalizar suas dificuldades e clamar pela dissolução delas; devem mentalizar seus inimigos ou seus perseguidores e opressores e clamar pela transmutação dos seus sentimentos negativos (ódios, invejas, etc.), dissolvendo e diluindo da vida e do destino deles e dos seus, todas as coisas contrárias aos desígnios divinos para com todos nós.

Após isso feito, todos devem agradecer a Olorum e a seus sete mistérios vivos e ajoelhar e cruzar o solo com respeito e com reverência, deixando as cadeiras postas à volta da mesa até que todas as velas se queimem.

No dia seguinte devem recolher o resto das velas e os elementos no prato e nos pires e despachá-los na terra ou em água corrente, pedindo à natureza que reabsorva os restos do que ela, generosamente, nos havia dado.

Olorum, o Criador do Mundo

Olorum é o poder supremo porque Dele tudo dimana e Nele tudo está contido e acontecendo.

Ele é a vibração original que, ao se desdobrar, deu início aos muitos planos da vida existentes neste nosso universo infinito, sendo que este nada mais é que a concretização dc uma vontade Dele.

Hoje, a ciência nos revela a existência de uma energia, um plasma, de onde provêm as micropartículas que desencadeiam a formação de átomos que se ligam e formam moléculas, que se ligam e formam substâncias ou a matéria.

Vejamos como e onde se forma essa energia-plasma:

1º – Olorum é a fonte na qual todos os processos criativos ou criacionistas têm início porque se iniciam Nele.

2º – Olorum é a vibração original, da qual todas as outras derivam porque Nele ela tem início.

3º – Olorum, na sua vibração original, é inacessível e impenetrável, pois Ele é o início de tudo.

4º – Olorum, ao desdobrar sua vibração original, faz surgir sete graus vibracionais porque tudo o que está Nele é parte da unidade que Ele é. Mas ao desdobrar algo de Si, Olorum faz surgir sete "vibrações", cada uma única em si porque cada uma é em si uma exteriorização da unidade existente em Olorum.

5º – Na criação do mundo, a vontade manifestada por Olorum neste sentido fez surgir sete planos da vida, cada um uma realidade em si, separados uns dos outros porque cada um é a manifestação Dele em um grau vibracional único, e outro igual inexiste, mantendo em si a unidade de Olorum.

6º – A vontade criadora de Olorum gerou sete planos da vida, cada um em um grau vibracional específico e uma realidade em si, sendo que cada um é um dos "corpos" vivos de Olorum.

7º – Esse Seu primeiro ato criador gerou o setenário sagrado, já aludido na Bíblia Sagrada como os sete dias da criação, sendo que no último, quando Ele repousou, sua criação, desde a vibração mais sutil (a fatoral) até a mais densa (a material), havia sido concluída e a sua vibração original desdobrada e projetada retornará a Ele, concluindo todo um princípio gerador e fechando todo um ciclo evolutivo criacionista.

8º – Todos os processos criacionistas de Olorum obedecem à Sua forma única de criar, porque são gerados e iniciados Nele, a Unidade.

9º – Todos os processos, unitários em Olorum, ao serem iniciados e manifestados por Ele, desdobram-se em sete vibrações diferentes, desde a mais sutil até a mais densa.

10º – As sete vibrações desdobradas da vibração original de Olorum são estas:
1ª Vibração – fatoral
2ª Vibração – essencial
3ª Vibração – elemental
4ª Vibração – dual
5ª Vibração – encantada
6ª Vibração – natural
7ª Vibração – celestial

11º – Essas sete vibrações criaram os sete planos da vida, fazendo surgir tudo o que os seres, as criaturas e as espécies animadas e inanimadas precisavam para existir e subsistir no exterior de Olorum, cumprindo assim os seus destinos, dados a todos por Ele, o divino Criador Olorum, o Senhor Supremo do destino (da criação).

12º – Assim, surgiram os sete planos da vida, cada um em um grau vibracional específico e formador de uma realidade única manifestada pelo divino Criador Olorum.

13º – Os sete planos da vida são estes:

1º Plano da vida – plano fatoral da criação e da vida.
2º Plano da vida – plano essencial da criação e da vida.
3º Plano da vida – plano elemental da criação e da vida.
4º Plano da vida – plano dual da criação e da vida.
5º Plano da vida – plano encantado da criação e da vida.
6º Plano da vida – plano natural da criação e da vida.
7º Plano da vida – plano celestial da criação e da vida.

14º – Olorum gerou sete planos da vida, todos derivados da Sua vibração original e unitária, tornando cada um deles uma de Suas realidades, únicas em si.

15º – Olorum gerou sete realidades, cada uma separada das outras e com finalidade específica e única, com cada uma trazendo em si a unidade de Olorum, tornando-se única e não repetida dali em diante.

16º – Os sete planos da vida são mostrados graficamente da seguinte maneira:

	• OLORUM
	1º PLANO
	2º PLANO
	3º PLANO
	4º PLANO
	5º PLANO
	6º PLANO
	7º PLANO

Ou desta maneira:

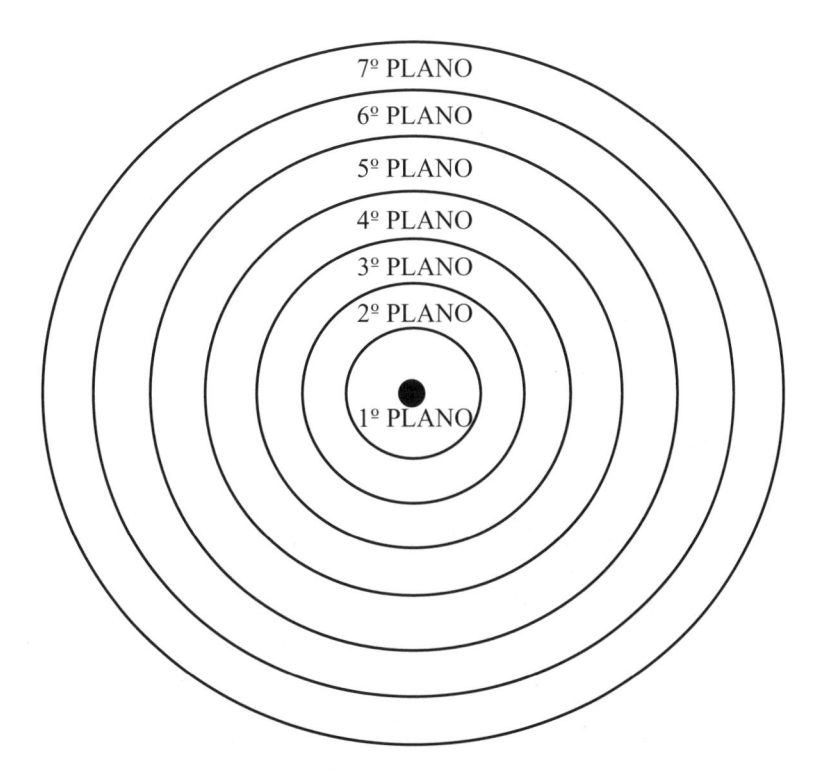

```
7º PLANO
6º PLANO
5º PLANO
4º PLANO
3º PLANO
2º PLANO
1º PLANO
```

Os sete planos da vida, vibrações desdobradas a partir da vibração original de Olorum:

17º – Olorum desdobrou Sua vibração original e ela manifestou-se criando sete planos da vida, cada um uma realidade, um meio divino no qual a vida fluiria, e todos os seres, todas as criaturas e todas as espécies animadas e inanimadas poderiam cumprir seus destinos, individualizando-se nos corpos exteriores de Olorum, tornando-se cada um uma nova unidade existencial e consciencial.

18º – Os sete planos da criação e da vida surgidos após o desdobramento da vibração original de Olorum são as sete bases da criação e são assim:

1º Plano etéreo da criação e da vida: Ele é formado por uma vibração sutilíssima, a mais sutil e rarefeita porque é a primeira vibração externa de Olorum.

O meio da vida que este plano da vida é em si é todo saturado por energia em estado de rarefação, com micropartículas a cintilar.

Neste 1º plano da vida não há nada concreto e tudo está como em estado de suspensão – não existe um "solo" onde elas possam ser depositadas e acumuladas.

Essas micropartículas, as menores da criação exterior de Olorum, são os seus fatores, cada um trazendo em si uma de suas múltiplas qualidades e quando são absorvidos pelos seres que nele vivem esses fatores os alimentam e desencadeiam a abertura dos seus códigos genéticos divinos, já que foram gerados em Olorum e exteriorizados por Ele para que assim, no seu exterior, cada um se individualize e possa cumprir o seu destino até se tornar em si um desígnio divino de Olorum, o nosso divino Criador.

2º Plano etéreo da criação e da vida: Este segundo plano da vida é denominado plano essencial e as micropartículas energéticas formadoras dele são alimentadoras dos seres que nele cumprem o 2º estágio dos seus destinos.

Essas micropartículas essenciais são formadas a partir do reagrupamento da fusão ou do amalgamento de sete fatores originais.

Sempre, sete fatores se agrupam, como fazem as enzimas, por meio de encaixes perfeitos, e tornam uma essência um composto fatoral com uma finalidade única na criação e com funções específicas quando absorvidas pelos seres que ali vivem e de essências se alimentam.

As essências também estão em estado de suspensão, mas não tão rarefeito quanto o do 1º plano ou plano fatoral da vida.

Sua distribuição é uniforme e não há espaços vazios porque toda essa realidade de Olorum está ocupada pelas suas essências.

3º Plano etéreo da criação e da vida: Este 3º plano da vida é denominado plano elemental e as micropartículas energéticas formadoras dele são compostas pela fusão ou amalgamento de sete essências diferentes, que se agrupam por meio de encaixes específicos e geram energias plasmáticas ou plasmas energéticos elementais (de elementos, no seu sentido mais elevado e esotérico).

Esse plasma ou energia elemental é muito mais denso que o existente no plano anterior e também está distribuído por toda a terceira base da criação ou a terceira exteriorização e terceira realidade de Olorum.

Mas neste plano elemental da vida e da criação esse plasma energético não está distribuído uniformemente, mas se concentra em grande quantidade em certos locais, dando início e sustentação à formação dos corpos celestes, que se cristalizam por processos e "mecanismo" comandados pelos senhores Orixás, os concretizadores da criação de Olorum.

Esse plasma energético elemental é o quarto estado da matéria, denominado "energia escura" e é nele que tem início a formação das menores partículas, que dão início à formação daquilo que a ciência humana denominou "átomo".

É desse plasma elemental que se originou a matéria e é só até ele que a ciência humana conseguirá chegar, por meio de aparelhos óticos ou mecânicos. Além dele, nada pode ser detectado, visto ou sentido.

4º Plano etéreo da criação e da vida: Este 4º plano da vida é denominado plano dual porque é formado pela 4ª vibração de Olorum, que criou um meio no qual, a partir da fusão ou amalgamento de dois tipos ou padrões de energia elemental – que se agrupam e se encaixam com "chaves" específicas, formando um composto energético etereamente muito denso —, dá início à criação das formas etéreas.

No 4º plano da vida ou 4º corpo externo de Olorum tudo começa a ter uma forma específica, ainda que não totalmente definida ou cristalizada neste plano etéreo da vida.

A fusão de duas "energias elementais" gera uma terceira, algo gelatinoso que se condensa em certos locais do Universo e desencadeia a formação de corpos celestes.

Neste 4º plano da vida já existe algo similar ao solo, cortado por caudais de energia plasmática análogos aos dos nossos rios. Podemos defini-los como "proto-rios", que vão alimentando tudo e todos que nele existem e nele cumprem seus destinos.

5º Plano etéreo da criação e da vida: Esse plano da vida é denominado de plano encantado porque ele é formado pela fusão ou amalgamento de três plasmas energéticos bi-elementais, formando uma energia tão variada em seus tipos ou padrões que os seres, as criaturas e as espécies animadas e inanimadas assumem formas tão definidas e perfeitas que neste plano da vida tudo beira à perfeição do divino Criador Olorum.

As formas se cristalizam e assumem suas feições definitivas sendo que o que nossos olhos vêem no plano material da vida são cópias rústicas do que existe neste 5º plano da vida.

Os processos criativos de Olorum, no seu 5º plano da vida ou na sua 5ª exteriorização e 5ª manifestação, se cristalizam e mostram aos nosso olhos espirituais todo o seu esplendor, sua criatividade e seu poder gerador.

Tudo é muito bem definido e as formas que compõem a natureza etérea desta 5ª manifestação de Olorum são tão belas e perfeitas que encantam os nossos olhos espirituais e por isso esse 5º plano é denominado plano encantado da criação e da vida.

Miticamente, se quiserem compará-lo com os mitos bíblicos, este é o Jardim do Éden, onde viveram Adão e Eva antes da tentação da serpente (o desejo) e da maçã (a procriação).

Sim, é neste 5º plano da vida que os seres, as criaturas e as espécies desdobram em seus códigos genéticos divinos as faculdades relacionadas à compreensão de si e do meio onde vivem, desenvolvendo a consciência, a percepção, a sensibilidade e o desejo de tornarem-se auto-suficientes em si mesmos.

No 5º plano da vida os seres tanto absorvem pelos seu charkras energia etérea rarefeita como se alimentam de frutos, tão variados e saborosos que só neste plano da vida é possível encontrá-los. E tudo está à disposição de todos o tempo todo e em tão grande abundância que nada falta aos seres que nele vivem e cumprem esse estágio dos seus destinos.

6º Plano etéreo da criação e da vida: Este plano é denominado natural porque ele tem no mundo material sua contraparte física e concreta, envolvendo os corpos celestes e vivificando as muitas dimensões da vida existentes dentro desse plano, formado pela fusão e amalgamento de sete tipos ou padrões das energias do plano encantado.

Nós denominamos o 6º plano da vida de plano natural porque ele é a contraparte do universo material, tal como o vemos, e de outros universos invisíveis aos nossos olhos espirituais, pois suas constituições são diferentes deste nosso. E servem a outras vontades manifestadas pelo divino Criador Olorum e concretizadas em outras realidades Dele, impenetráveis aos nossos limitados mentais e inimagináveis à nossa limitada imaginação.

O acesso a esses outros universos ou realidades de Olorum se dá por meio de gigantescos vórtices magnéticos existentes no lado espiritual da vida. As teorias científicas descrevem a cópia rústica ou material desses vórtices como buracos negros e berçários de estrelas.

No 6º plano da vida tudo muda e os seres, as criaturas e as espécies já são "maduros", plenamente conscientes, têm liberdade de deslocamento e livre-arbítrio, optando pelo rumo a ser dado aos seus destinos.

Então chegamos à sétima vibração de Olorum, que deu origem a todo um plano celestial da vida e da criação.

7º Plano etéreo da vida e da criação: Denominado plano celestial, é onde os seres que já viveram o amadurecimento dos seus destinos começam a vivê-lo porque se tornaram em si mesmos os responsáveis pelos destinos dos espíritos mais novos.

A vibração original de Olorum, ao ser exteriorizada, desdobrou-se em sete outras e criou sete planos da vida e sete realidades exteriores, mas mantendo a unidade Dele em cada uma porque se todos os sete planos são sete novas realidades, todas têm uma só finalidade: são o meio exterior do divino Criador Olorum, em quem tudo e todos cumprem seus destinos até se tornarem destinos que conduzem à origem de todos os destinos: Olorum!

Louvemos Olorum porque Ele é o nosso Deus Criador e É o destino final de todos nós.